# 子どもたちの未来を拓く
# 探究の対話「p4c」

著 p4cみやぎ・出版企画委員会

編 野澤令照（宮城教育大学上廣倫理教育アカデミー・所長）

東京書籍

# はじめに

　本の題名をご覧になって，なんて大そうなと感じられた方もいらっしゃると思います。

　でも，私たちは，決して大げさなことを申し上げているのではないことが，読み進めていただければ必ずご理解いただけると思っています。

　私が「探究の対話（p4c）」に出会ったのは，今から４年ほど前になります。詳しくは第２章に述べていますが，当時，仙台市教育委員会で東日本大震災からの復興に奔走していた田辺泰宏主査と共に，ハワイからの訪問団を被災地に案内しました。その訪問団の方々が見せてくれた教育実践が妙に心に残り，忘れられなくなったことを今も鮮明に覚えています。「上手く言えないけど，何かがある。」というのがその時の思いでした。

　自分の思いを受け止めてくれそうな仲間の校長たちに紹介し，興味をもった有志たちと一緒に取り組み始めました。その後徐々に仲間も増え，大学の研究者も加わってくれました。実践を重ねれば重ねるほど手応えを感じるようになり，これからの教育にとって役に立つ可能性があるという思いから，間違いなく必要になるという確信に変わってきました。

　社会がいかに目まぐるしく変化する時代になったとしても，「教育は国家百年の計」という言葉に異を唱える人はいないでしょう。その大切な教育や子どもたちを取り巻く環境は，ＡＩの劇的な進歩に象徴されるように，大きく変化しています。そして，いじめや不登校，子どもたちの自己肯定感の低さ，困難に立ち向かうたくましさの欠如など，乗り越えなくてはならない教育の課題が山積しています。

　こうした状況の中で，文部科学省は，小中学校を皮切りに学習指導要領の改訂を進めていますが，その基本理念に「社会に開かれた教育課程」を掲げています。これは，国づくりの土台となる教育を，社会総ぐるみで推進しようという姿勢を明確にしたという点でも，これまでにない画期的なことです。また，今回の改訂で強調されていることとして「主体的・対話的で深い学び」があります。これからの社会を生き抜く子どもたちに必要な資質・能力として，予測できない問題に出会った時に，自ら進んで行動し，仲間と協力しながら解決していく力が求められています。

　今回，国立教育政策研究所の総括研究官として学習指導要領の改訂を推進していらっしゃる西野真由美先生が，特別に寄稿してくださいました。道徳の特別教科化や学習指導要領の改訂の意図などについて丁寧に紐解いてくださるとともに，先生が早くから注目されていたp4cとの関連についても解説してくださいました。

　私たちが取り組んで来た「探究の対話（p4c）」に大きな期待を寄せていただけたことは何よりも心強く，大きな励みになっております。

　本書の構成につきましては，大きく分けて７つの部分にまとめています。冒頭に，西野先生の特別寄稿文を掲載させていただき，序章では「探究の対話（p4c）」とは何かについて紹介しています。

　第１章では，「探究の対話（p4c）」の原点でもあるp4cを私たちに最初に伝えてくださった，新潟大学の豊田光世先生に詳しく紹介していただきました。

第2章では，仙台から白石，そして宮城県内に広がっていった経緯について紹介しています。

　第3章では，小学校・中学校・大学等での実践や多様な場での実践の紹介，フォーラムや研修会などを紹介しています。

　第4章では，仙台・宮城での活動が始まった時から私たちに寄り添い，研究者として専門的な立場から指導・助言を与えていただいた宮城教育大学の田端健人先生，川﨑惣一先生，そして，ハワイのp4cの伝承者であり何度も宮城に足を運んでいただいた新潟大学の豊田光世先生に，「研究者から見たp4c」について執筆いただきました。さらに，発足当時からのメンバーである佐々木成行校長や高橋隆子校長には，「教育現場からの期待」について執筆いただきました。

　この章の最後には，私たちが「探究の対話（p4c）」を教育の基盤として捉えていることから，これからの教育に求められるものなどについて，田端健人先生に執筆いただきました。いずれも私たちの活動の理論的な裏付けにつながるものですので，読み応えのある内容になっております。じっくり味わいながら，読み進めていただければと思います。

　終章には，「探究の対話（p4c）」を実践して来られた先生方や活動を支援してくださった方々，そして，p4cを経験した子どもたちやその保護者の方々からのメッセージを掲載させていただきました。皆様の熱い思いに，ぜひ耳を傾けていただきたいと思っております。

　最後に，今回の出版は，「これからの教育の基盤になると確信している『探究の対話（p4c）』を，教育関係者はもちろん教育に関心のある多くの方々に正しく伝えたい。」という私たちの願いを受け止め，活動の場に何度も足を運んで理解を深めていただいた東京書籍㈱東北支社の小林和洋様や本社編集局の長崎亮様のお力なくしては実現しませんでした。深く感謝いたしております。

　また，これまで共に実践を重ねてきたp4cみやぎのメンバー，私たちの活動をご理解いただき応援してくださった皆様，そして，宮城の地に「探究の対話（p4c）」が生まれる機会を与えていただき，その後の活動にも多大なご支援をいただいている公益財団法人上廣倫理財団に，心から感謝の意を表します。

国立大学法人　宮城教育大学　学長付特任教授

上廣倫理教育アカデミー 所長　野澤 令照

# 目次

はじめに……………………………………………………………………………2

探究の対話が拓く学びの可能性……………………………………………………6

## 序章　これって，なんだろう？

①探究の対話（p4c）………………………………………………………………12

②子どもたちの大好きな時間………………………………………………………14

③打ち破られた教師の常識…………………………………………………………15

## 第1章　p4cって？

①p4cの生い立ち……………………………………………………………………18

②p4cの基本メソッド………………………………………………………………23

③p4cの対話で心がける3つのこと………………………………………………27

## 第2章　みやぎで広がる「探究の対話（p4c）」

①誕生から現在までの経緯…………………………………………………………34

②組織で取り組んだ強み……………………………………………………………38

③「教育」からのアプローチ………………………………………………………40

　コラム①　コミュニティボールの魅力…………………………………………41

④「しろいし」での取組……………………………………………………………42

⑤子どもの視点から捉えたp4c　～アンケートづくりを通して～………………46

## 第3章　「探究の対話（p4c）」の実践から

実践事例の見方………………………………………………………………………50

授業実践1　6年　国語「サボテンの花／生きる」………………………………51

授業実践2　4年　算数「変わり方しらべ」………………………………………55

　コラム②　「探究の対話（p4c）」と算数………………………………………58

授業実践3　2年　生活科「ちびっこフェスティバルを成功させよう」………59

授業実践4　5年　家庭科「じょうずに使おう　お金と物」……………………63

授業実践5　6年　保健「病気の予防」……………………………………………67

授業実践6　中学1年　道徳「集団生活の向上」…………………………………71

授業実践7　「大学や専門学校での実践」…………………………………………76

　いろいろな場で

①野外活動における実践……………………………………………………………82

②児童館における親子の実践………………………………………………………87

③仮設住宅の子どもたちとの実践…………………………………………………88

④地域（まちづくり）に生かす実践………………………………………………89

⑤ジュニアリーダーとの実践………………………………………………………90

⑥ハワイの子どもたちとの実践……………………………………………………91

⑦「大人のp4c」～テニスコーチたちの挑戦～……………………………………92

　コラム③　宮城で「探究の対話（p4c）」に取り組む意義……………………96

　広がりを目指して

①第1回　考え，議論する道徳フォーラム…………………………………………98

②探究の対話（p4c）国際交流セミナー…………………………………………100

③仙台市教育課題研究発表会……………………………………………………102
④探究の対話（p4c）フォーラム…………………………………………………104
⑤新聞報道等………………………………………………………………………109
　コラム④　ハワイと日本と共に歩む道…………………………………112
　指導者対象の取組
①出前研修会………………………………………………………………………114
②定例研修会………………………………………………………………………118
　コラム⑤　p4c マジック…………………………………………………122

## 第4章　「探究の対話（p4c）」の可能性
①研究者から見た p4c　探究の源泉「ワンダー」を大切にする……………124
②研究者から見た p4c　子どもたちに p4c をすすめる理由……………………126
③研究者から見た p4c　多様性を開く対話………………………………………130
④教育現場からの期待　人と人との豊かな関わりと確かな思考力の育みが期待できる「探究の対話（p4c）」…134
⑤教育現場からの期待　学校教育課題を解決する「探究の対話（p4c）」……138
⑥次代の教育を支える基盤　………………………………………………………140
　コラム⑥　「p4cが教えてくれたこと」＜作文コンクール応募作品＞……………144

## 終章　「探究の対話（p4c）」のすすめ
被災した子どもたちの心開くことを願って……………………………………146
点から面へ…………………………………………………………………………146
「未来を生き抜く力」が身に付くと確信した「p4c」…………………………147
大人の「p4c」でもっと幸せに！………………………………………………147
世界は答えが決まっていない「問い」だらけ…………………………………148
「TRY」ではなく「DO」の姿勢で……………………………………………149
生きづらさを感じる子どもたちにとっての「探究の対話（p4c）」…………149
目指せ！「よりセーフティな学校」を！………………………………………150
子どもたちが「p4c をしたい」と言うとき……………………………………150
楽しんで「一人の参加者」に……………………………………………………151
「Just do it！」……………………………………………………………………151
p4c で学級を変えよう……………………………………………………………152
「意識と本質を教えてくれる p4c」………………………………………………153
「5分でいいから，続けてみよう」　……………………………………………153
「パス」の意義……………………………………………………………………154
p4c というまなざし………………………………………………………………154
ハワイ・ワイキキとの絆と p4c…………………………………………………155
「探究の対話（p4c）」を経験した子どもたちや保護者からの声　……………156

おわりに……………………………………………………………………………159

# 探究の対話が拓く学びの可能性

国立教育政策研究所　総括研究官　西野 真由美

## ① p4c との出会い

「p4c みやぎ」との出会いは，私にとって「子ども哲学」との嬉しい再会です。

最初の出会いは，1995 年に遡ります。この年，ユネスコは，機関発足 50 周年を機に「世界における哲学と民主主義」と題するプロジェクトを創設。民主主義社会を担う市民性育成に向け，哲学教育を推進しようとしていました。このプロジェクトの一つとして，国際会議－アジア・太平洋地域における哲学と民主主義－が，韓国ソウルで開催されました。

当時，アジア各国では，「哲学」を教科として設置しているのは後期中等教育（高等学校）以降でしたから，ほとんどの報告は高校や大学における哲学教育が中心でした。その中で，オーストラリアのフィリップ・キャム（Philip Cam）氏が，小学校における「哲学的探究」（Philosophical Inquiry for Children）の実践を紹介なさったのです。

最初は，小学校と「哲学」が結びつかず，驚きました。でもその驚きはすぐに感動に変わりました。オーストラリアにおける「哲学的探究」のカリキュラムは，私たちが通常「哲学」と聞いて思い浮かべるような，難しい思索や哲学者の学説の教授ではなく，子ども自身が問いを出して考え探究する学習，言葉の本当の意味での "philosophy"（知を愛すること）の実践だったからです。

その後，キャム氏から，リップマンを創始者とする「子どものための哲学 Philosophy for Children」が，世界各国で展開されていることを伺いました。そして，キャム氏が，この「子ども哲学」のなかでも，とりわけ道徳や倫理をテーマにした学習に深い関心を持っていらっしゃったことは，道徳教育を研究する私にとって大きな幸運でした。実際にオーストラリアの学校を訪問し，小学校の子どもたちがボールを投げ合いながら，楽しく問いを探究する授業を拝見して，日本の道徳の授業に欠けているものに気付いたのです。それは，子どもたち自身が自ら問いを出し，子ども同士で対話しながら探究する学びのプロセスです。それ以後，子どもたちが「共に考え，対話し，議論する」授業の実現は，私自身の大きな目標となりました。

その後もイギリスやドイツで実践に触れる機会があり，日本も含めアジアでも実践が広がっているのを実感してきました。仙台で p4c の取組が進んでいる，と最初に伺った時も，その実践の輪が広がったのだなという思いでした。

ところが，実際に仙台へ伺って，その取組は，私の思いを遙かに超えるものであると知りました。それは，私自身の「子ども哲学」に対する見方を大きく変えてくれる実践だったのです。「再会」というよりも，新しい出会いだった，といえるかもしれません。

私の目を開かせてくれたのは，仙台の皆様が，この取組を子どもたちの心のケアにつながる実践として導入なさったこと，そして，その手応えを感じていらっしゃる，という実践報告です。

「子どものための哲学」は，世界各国で様々な実践へと広がっていますが，それらに共通しているのは，「共に考える」こと，それによって探究する共同体を育てることです。「一人で孤独に思索する」のではなく，共に考える場を創ることを大切にした実践です。そして，偏見に囚われない柔軟な思考力は，多様性を認め合って共に生きる力につながります。ですから，哲学的探究が思考力だけでなく，子どもの心を育てる取組でもあるということは理解しているつもりでした。

でも，それだけではない。この実践は，様々な困難や問題を抱え，苦しんでいる子どもたちの心

のケアにつながる。そう教えてくれたp4cの実践報告は，「考え，議論する道徳」の実現をめざす道徳教育に，また，新学習指導要領のもとで社会に開かれた学校教育を実現していく上でも，大きな力を与えてくれます。知識と思考，そして心を共に働かせ，これからの社会を生きるための資質・能力を育成する。それが新しい学習指導要領（平成29年3月31日告示）のめざす理念だからです。

　日本の学校教育は，知・徳・体の調和のとれた発達をめざし「生きる力」の育成を理念として掲げてきました。知育だけでなく，徳育や体育を充実したカリキュラムは日本の学校教育の強みです。ただ，ややもすれば，教科では知育，心の教育は道徳や特別活動で，などと，これら三つの教育が分業になってしまい，相互の関わりが失われてしまいがちなことに課題がありました。道徳の学習に知識や思考力がいらないかのように，あるいは教科の学習で心を育てることが余計なことであるかのように受け止められてしまうなら，子どもたちが現実の世界で出会う人生や生活の問題を解決していく力を育てることはできません。そのためには，知・徳・体を統合した力が必要だからです。

　今次の学習指導要領改訂は，まさにその問題に正面から向き合いました。新しい学習指導要領で学んだ子どもたちが大人として生きていく未来の社会。その社会で自らの幸福とよりよい社会を創造していく子どもたちには，どんな資質・能力が求められるか。中央教育審議会は，そんな大きなビジョンから議論を始め，学校教育が果たすべき役割とは何かを問い直し，これまで日本の学校教育の理念であった「生きる力」を学校教育で育成する資質・能力としてより具体化して示しました。それが資質・能力の三つの柱（生きて働く「知識・技能」の習得，未知の状況にも対応できる「思考力・判断力・表現力等」の育成，学びを人生や社会に生かそうとする「学びに向かう力・人間性等」の涵養）です。この三つの柱は，「確かな学力」「健やかな体」「豊かな心」を「総合的にとらえて構造化」したものと位置付けられています。それらの育成を分業にしないため，新学習指導要領では，全ての教科等の目標と内容をこの三つの柱から再構成して示しています。

　こうしてみると，「探究の対話」には，知・徳・体をつなぐ学びへのヒントが隠れていることがわかります。思考力を孤独な学習ではなく，安心し，信頼し合って語り合える仲間との対話の中で育まれるとしたこと，その対話のなかで，実際に子どもたちが自分のよさや価値を見出していく姿は，知と徳が結びつく学びの可能性を教えてくれます。そして，あのコミュニティーボールや円座になって顔を見合う話合いは，身体を使って学びの場を生みだす工夫の大切さを示唆しています。

　「探究の対話」の実践が拓く豊かな可能性の具体像は，本書にしっかりと描かれています。ここでは，新学習指導要領がめざすこれからの学びの姿を描きながら，「探究の対話」が目指す方向が，この学びの実現につながっていることを確認しましょう。


## ② 子どもの学びの姿を捉える

　新学習指導要領の大きな特徴の一つは，学習活動への注目です。

　我が国の学習指導要領は，主として教育目標と学習内容，すなわち「何を学ぶか」を中心に記述されてきました。今回の学習指導要領改訂では，審議の当初から，資質・能力を育成するには，どんな学びが求められるか，すなわち，「どのように学ぶか」という学びの姿が検討されてきました。その成果として，学習指導要領総則は，学校の教育活動について，「主体的・対話的で深い学びの実現に向けた授業改善を通して」生きる力を育むことを目指す，と明示しています。

　さらに，各教科等の目標や内容には，「〜を通して」という表現で，学習活動が示されました。たとえば，「言語活動を通して，国語で正確に理解し適切に表現する資質・能力を次のとおり育成することを目指す」（小学校国語），「自然に親しみ，理科の見方・考え方を働かせ，見通しをもって観察，実験を行うことなどを通して，自然の事物・現象についての問題を科学的に解決するために必要な資質・能力を次のとおり育成することを目指す」（小学校理科）などです。

このような示し方に疑問を持たれる方もいらっしゃるかもしれません。学習指導要領が指導方法まで示すのか。内容をどう教えるかは学校や教師の創意工夫に委ねてきたのではないか，と。

　しかし，新学習指導要領は，「学び方」を具体的に指定しているわけではありません。中央教育審議会答申（平成 28 年 12 月 21 日）でも，「『主体的・対話的で深い学び』の実現とは，特定の指導方法のことでも，学校教育における教師の意図性を否定することでもない」と明示されています。実は，これまで以上に，学習方法の充実に向けた学校の創意工夫に期待しているといってよいでしょう。「主体的・対話的で深い学び」の実現とは，これも答申の言葉を引くと，「人間の生涯にわたって続く『学び』という営みの本質を捉えながら」，「子供たちに求められる資質・能力を育むために必要な学びの在り方を絶え間なく考え，授業の工夫・改善を重ねていくことである」と説明されています。

　「主体的・対話的で深い学び」とは，学びの本質を踏まえた授業改善の視点です。それは，学習過程の質を高める教師の創意工夫こそが資質・能力を育成する学びの決定的な鍵を握る，というメッセージなのです。たとえば，歴史の年号や化学の元素記号を暗記するだけなら，学習活動の工夫はさほど求められないかもしれません。でも，新学習指導要領が育成を目指すのは，断片的な知識ではない，生きて働く「知識・技能」です。では，その知識・技能を働かせるのは誰でしょうか。学習者である子ども自身です。「学びという営みの本質」とは，子どもがいかに学ぶか，という学習する子どもの視点に立ったときに見えてくる学びの姿なのです。

　子どもに寄り添って，子どもの学びの姿を見つめるとき，「主体的・対話的」な学びの視点がくっきりと見えてきます。それは，20 世紀以降の学習科学が辿った道筋でもあります。乳幼児や子どもの学びを見つめ続けた研究から浮かび上がってきたのは，人の自然な学びの姿，自分の回りの世界と豊かに関わり，その中で驚きや疑問，困難に出会い，それらを解決していこうとする姿です。

　人は，自ら周りの世界の人や物事に関わり，その関わりの中で学んでいく。この「主体的・対話的」な学びの営みが十分に発揮されることが，時代や社会が変わっても子どもの生涯を支える資質・能力の育成につながる。それが新学習指導要領を貫く学びの姿です。だから，教室で教師が一斉に知識を教え習得させる学習に比べると，一見，非効率で遠回りに見えるけれど，子どもたちが豊かな関わりの中で対話し探究する学習活動の実現が求められているのです。

　学びの姿をこのように捉えると，教師と子どもの関係も変わります。これまで教室では，教師が問いを出す側，子どもはその問いに答える側でした。これでは子どもは受け身のままです。

　新学習指導要領を読んでいくと，その表現にも「子どもの視点」が生きていることに気付きます。学習指導要領では，「気付かせる」「理解させる」「考えさせる」「身に付けさせる」などのように，「〜させる」という使役表現が多用されてきました。これは，学習指導要領が教師を主語にして書かれているからです。新学習指導要領でも，この点は変わりませんが，「子どもが何ができるようになるか」という，子どもが学びの主体であることを意識した表現が目立つようになっています。

　たとえば，小学校生活科の目標にはこんな記述があります。「活動や体験の過程において，自分自身，身近な人々，社会及び自然の特徴やよさ，それらの関わり等に気付くとともに，生活上必要な習慣や技能を身に付けるようにする」。以前の学習指導要領では，「気付かせ」，「身に付けさせ」などと表現されていた目標が，「気付く」ように，「身に付けるようにする」と示されています。新学習指導要領は，学びの主体は子どもであることを明示するとともに，その子どもの学びを教師がどう支えるかを考えるのが学校や教師の役割であることを示唆しているのです。

　自分にとって切実な問いを探究する営みは，人の学びにとって自然な姿ではありますが，教室という空間でも自然に実現できるわけではありません。学校では先生の指示に従って学習するもの，と考えている子どもたちが自ら主体的に探究していくためには，教師の工夫が求められます。

　でも，どうやって？　そのヒントも自然な学びの姿の中にあります。それが「対話」の実現です。

私たちは，大人になるにつれ，一人で学び，一人で考えるようになります。その中から大きな成果が生まれることも体験しています。そのため，学び，考えることは，まず自分自身で行うことだと思っています。でも，子どもの学びの原点に立ち返るなら，学びは一人で始まるわけではないと気付くでしょう。思考に必要な言語を赤ちゃんが獲得していく過程を見てください。乳児は親しい大人からの呼びかけに応え，関わり合うなかで自分の内に言葉を蓄積していき，やがて言語を発するようになります。自分自身で考えるとは，自分自身と対話することです。その対話を豊かにするためには，実際に様々な考えに出会って，互いの思いや考えを聴き合う対話の体験が必要なのです。

### ③ 対話で育てる深い学び

　「子ども同士で対話しても深まらないのでは？」「話合いは楽しいけれど，何を学んだのか」。対話や議論中心の授業に対して，そんな疑問を耳にすることがあります。「楽しいだけではダメ」という声は，「子どもの視点」に立った学習活動を批判する常套句になっています。

　なるほど，学びも人生も楽しいことばかりではありません。苦難や困難の先にある達成感・成就感を味わわせたい，そんな教師や大人の願いは大切です。子どもにはまず，基礎・基本をしっかり身に付けさせたい。もちろんそれも大事な学習です。

　新学習指導要領が，「深い学び」として示したのは，子どもの視点に立つ学びが，こうした批判を乗り越える可能性です。「深い学び」とは，「見方・考え方」の深まり，つまり，物事を見る視点や思考の枠組みが学びによって変わることです。「そうだったのか」とか，「そんな見方もあったんだ」という発見や気付きのある学びです。命について，友情について，幸せについて，探究の対話を体験した子どもたちが，自分と異なる考えに出会って，自分の見方・考え方を深めていく様子は，まさに「深い学び」の実現でしょう。

　ただ，対話をすれば必ず「見方・考え方」が深まる，と期待するのは早計です。子どもたちが話し合いたいと提案した問いは，教師から見て物足りないものだったり，出される意見に深まりがなかったり，振り返りの記述にも変化が見られない。そう，最初から多くを求めるのは禁物です。

　そんな時，「深まらない」と嘆くのではなく，「深い学び」が始まっていることに注目しましょう。それは，「共に考える」という体験が，子どもたちの間に相互理解や相互信頼を生みだしているということです。対話のプロセスを楽しむ体験が重要なのは，そのプロセスから信頼が育つからです。そして，その信頼と安心が，「見方・考え方」を変える深い学びの場を創るのです。

　子どもたちの問いや探究の成果が教師の目には「深まっていない」と感じられることは十分ありうるでしょう。しかし，探究を重ねていくと，子どもたち自身が，深まりのない問いや探究に満足できなくなっていきます。自分たちで問いを出し，その問いを自分たちで解決していくのだという責任が，子どもたち自身で自分たちの学びを評価する目を高めていくのです。

　新学習指導要領のもう一つの特徴は，「学習評価」についても示していることです。そこでは，「よい点や進歩の状況などを積極的に評価」することに加え，「学習の過程や成果を評価し」，として，学習の結果だけに注目するのではなく，「学習の過程」，つまり子どもの学びの姿に「よさ」を見出すよう求めています。性急に結果を求めずに，子どもと共に学びのプロセスを充実していくこと，それこそ新学習指導要領のめざす学びなのです。


### おわりに

　自分の人生と社会をよりよいものにしていく。そのために私たちはどう生きるか。どのような未来を創っていくか。これらの問いに定まった答えはありません。そして，自分の人生をどう創っていくかという問いに，自分の代わりに答えてくれる人はいません。AI がどんなに進歩しても，こ

の答えを教えてはくれません。それは誰もが，自分で探究して答えていかねばならない問いです。

　オーストラリアで哲学的探究の授業を参観した際，案内していただいたキャム先生を前に「このような授業を日本で実現できるだろうか」とつぶやきました。その時，キャム先生はこうおっしゃいました。「私がオーストラリアでこの取組を始めた時，最初は一人でした」と。

　「p4c みやぎ」は，もう一人ではありませんね。答えの見えない大切な問いを共に探究する力を育てる実践が根付きつつあるのを実感しています。最初の一歩を踏み出してくださった皆様に心から感謝するとともに，探究の対話を「みやぎ」から力強く発信していただきたいと願っています。

# 序章

# これって，なんだろう？

　「探究の対話（p4c）」と初めて出会ったときの思いは「これって，なんだろう？」でした。そして，「うまく言えないけど，何かがある！」と感じたことから，私たちの活動が始まりました。

　それが，これまでの日本の学校教育の常識を大きく変えるもの，そして，新たな教育の創造に結びつく可能性があるものだったとは，その時には思いも寄らないことでした。

# 探究の対話（p4c）

宮城県内のある公立小学校の教室です。

子どもたちが，教室の真ん中に円くなって座っています。一人の子どもが，自分の考えを話しています。よく見ると，その子はボサボサの毛糸のかたまりを手に持ち，いじりながら話しています。他の子どもたちは，じっと耳を傾けて静かに聴いています。

話し終わって，しばらくすると，一人の女の子が手を挙げました。先ほどまで話していた男の子が毛糸のかたまりをやさしく投げ渡します。それを受け取った女の子が，自分の考えを話し始めます。

男の子の考えと同じであることを話し，その理由についても話しました。他の子どもたちは，先ほどと同じように，じっと話を聞いています。

今度は，数人の子どもたちが手を挙げました。ボールは，その中の一人の男の子に渡されました。内容は，前の子たちとは考えが違うというものでしたが，そう考えた理由も話しました。

こうして，子どもたちの話合いが進んでいきました。

学級内での話合い活動は，いろいろな形でなされています。ペアでの話合い，グループでの話合い，学級全員での話合いと，たくさんの活動を見てきました。

でも，ここで展開された話合いには，今までにない何かがありました。自分の考えを話す子どもがいて，しっかりと話を聞いている子どもたちがいる，そこには我先にと話をしようとしたり，話の途中でさえぎったりする子どもは一人もいない，静かな中にも真剣に考えている子どもたちの姿がありました。教室を包むなんともいえないあたたかな雰囲気，心がほっこりする空気感，何かが違うと感じたときでした。

## (1) この活動の正体は

紹介した教室の中で行われていた教育実践は，宮城県内で広がり始めている「探究の対話（p4c）」というものです。活動形態として円座になって対話することを基本としており，子どもたちが手にしていた毛糸のかたまりはコミュニティボール（CB）というツールです。

「探究の対話（p4c）」が目指しているのは，対話を通して，物事をより深く考えたり，自ら主体的に課題を見つけたりできる子どもたちを育てることです。そのためにp4c（philosophy for children）を用い，学校現場を中心に実践を重ねてきました。

P4Cは世界中で取り組まれていますが，私たちが取り組んできたp4cはハワイで広がっているものです。そこで最も大事にしているのが，誰もが安心して対話に加わることができるセーフティ

(safety)の理念です。コミュニティボール（CB）を持った人だけが話すことができる，話し終わるまでじっと耳を傾ける，できるだけ全員が話す機会をつくる，からかったり冷やかしたりしないというルールを守ることが求めらます。

コミュニティボールをもって話す子ども

また，p4cは，「なぜ？」「どうして？」という物事を不思議に思う心を大事にしています。子どもたちが自ら問いかけることで，より深く考える力が養われていくのです。すぐには答えが見つからないことを考えるとき，そこには子どもも大人も隔たりがなく，同じ探究者として行動していることに気づかされます。

私たちがp4cに取り組み始めて4年が過ぎようとしています。この間，仙台市や白石市の公立学校を中心に，多くの実践を積み重ねてきました。そこで目にしたものは，一生懸命考え続ける子どもたちの姿であり，日ごろ学級の中で活躍していない子どもたちの発言に驚く教師の姿でした。

こうした経験を通して，p4cが新しい教育の創造に役立つ可能性がありそうだという漠然とした思いが，次第に確信に変わってきています。

## (2) 「探究の対話（p4c）」と名づけた理由とは

後述（第1章）のように，私たちが出会ったp4cはハワイ大学で開発されたp4cハワイ（p4cHI）と呼ばれるものであり，ハワイのワイキキ小学校やカイルワ高校などで長く実践されてきたものです。学校現場での取組を大切にしていることや，誰もが安心して場を共有しながら対話できるセーフティ（安心感）を第一に考えていることが私たちの目指すところと共通しており，私たちが導入することになった理由もここにあります。

そもそもp4cは，名前のとおり哲学として実践されてきたものであり，日本でも哲学研究者の方々や哲学を教育の場に導入しようという方々が様々な取組を展開されています。対話を通して，深く考えるという姿は基本的に同じですが，私たちは哲学対話をすることが目的ではなく，セーフティを基盤として教育をより良くしていくことを主眼にしている点で，これまでの全国の取組とは異なるものだと考えております。哲学的な深まりを目指すものではなく，すべての子どもたちがコミュニティの中に居場所をみつけること，対話を通じて新たな物事を探究することを大切にしています。

p4cで使われるコミュニティボール

p4cの精神は受け継ぎながらも，学校現場における教育活動，教科や領域の学習と一体化させていきたいという思いを明確にするために，自分たちの取組を「探究の対話（p4c）」と名付けました。

また，私たちの取組の特徴としては，選抜された子どもたちのいる学校ではなくて，ごく普通の公立学校において実践されていることに大きな意義を感じています。学習指導要領などをもとに，日本の公教育が育んできた教育文化に立脚して，現在の環境下で活動することを第一としています。今後，各学校のカリキュラムの中に位置づけられ，日々の授業の中で，様々な教育活動の中で，当たり前に実践されるようになることを目指して，さらに活動を充実させていきたいと考えています。

# 子どもたちの大好きな時間

　私たちの仲間であり,「探究の対話（p4c）」をいち早く授業に取り入れて実践して来たある小学校の先生が,「いやぁ, p4c は良いですよ。子どもたちが, なかなか言うことを聞かないで騒いでいた時に, もう p4c はやらない！って言ったら, 先生ごめんなさいって言って, すぐ静かになったんですよ。」とニコニコしながら話してくれたことがありました。「ちょっと, 使い方は邪道ですけどね。」と笑っていましたが, それぐらい子どもたちは p4c の時間が大好きなんだということが分かりました。

　また, ある小学校の先生は,「うちのクラスの子たちは, コミュニティボールをとっても大事にしてますよ。ボールに自分たちで『もじゃもじゃくん』と名前をつけて, 学級の係活動の中に『コミュニティボール係』までできましたよ。」と話してくれました。面白いとは思いましたが, 係活動という以上は仕事をするわけですから, どんな仕事をするんですかと思わず聞いてしまいました。返ってきた答えは,「学級の中にコミュニティボールを置いておく場所があって, p4c をやる時にそこからコミュニティボールを持ってくる仕事なんですよ。」というものでした。クラスの皆で作ったコミュニティボールを大事そうに輪の中に持ってくる子どもの姿が目に浮かび, とっても嬉しくなってしまいました。

　「探究の対話（p4c）」に取り組むとき, 私たちは時間の最後に参加者全員に振り返りをしてきました。

1　自分の考えを話すことができましたか。
2　友だちの考えをよく聞くことができましたか。
3　安心して話をすることができましたか。
4　一生懸命考えることができましたか。
5　何か新しい発見がありましたか。
6　またやってみたいですか。
7　楽しかったですか。

またやってみたいですか？

　このような項目の中からいくつかを選びながら振り返りを行ってきましたが, ほとんどの学級で共通しているのが, 6「またやってみたい」や 7「楽しかった」の項目については, ほぼ全員に近い子どもたちが手を挙げることです。子どもたちの言葉の中からは,「自分が考えていなかったことを考えている友だちがいて驚いた」「いろいろな考えを知ることができてよかった」「普段, あまり考えないことを考えることができてよかった」など, 肯定的な答えがほとんどでした。さらに, 3「安心して話ができた」の項目も, ほとんどの子どもたちが手を挙げています。

　子どもたちが「探究の対話（p4c）」が大好きなのは間違いないのですが, 特にどんなことに魅力を感じているのか, どんなことが楽しいのか, これからも探っていきたいと思います。

# 3 打ち破られた教師の常識

　これまで私たちは，仙台市や白石市，宮城県内のたくさんの学校や学級で「探究の対話（p4c）」を紹介し，子どもたちと一緒に活動して来ました。ほとんどが初めて出会う子どもたちで，学級の様子もよく分かりませんでしたが，前述したように多くの子どもたちが楽しそうに参加してくれました。授業が終わった後で先生方と話をさせてもらいましたが，そこで聞かせていただくお話に驚かされたこともたくさんありました。

　普段の授業ではほとんど発言しない子が発言していたとか，他の子の発言を聞かずに話し出す子が黙って聞いていたとか，あの子が自分の意見をはっきり言っている姿に驚いたとか，普段見られない様子があったという先生方がたくさんいました。

　どうしてなんだろうと考えたとき，脳裏に浮かんでくる光景があります。それは，仙台市のある小学校で豊田光世先生が子どもたちと活動していたときのことです。授業を参観していた仲間の一人が「私たち教員にはできないことだ」とつぶやきました。たまたまその言葉を耳にした私は，どういうことかと聞いてみました。返ってきた言葉は，「豊田先生は，どの子どもが話しても，黙って聞いていたでしょ。言葉をかけることはもちろん，うなずいたり，笑いかけたりもしなかった。私たち学校現場の教師にはできないことだよ。」というものでした。

　言われてみて，はっとしました。自分のこれまでの授業を振り返ってみれば，子どもの発言の中で意図した答えが出てくれば，「そうだね。良い考えだね。」と言いながら，次へと展開を進めていたはずです。そして，授業は，積極的に発言をする子どもたちや，授業の流れを導く発言をする子どもたちを中心に進んでいきます。自分の考えに自信を持てない子どもたちや普段あまり目立たない子どもたちは，最後まで一度も発言することなく授業が終わっていたのかもしれません。子どもたちは教師が取りあげた答えが正解だと思うのが当然で，敢えて他の考えも話そうとする子どもはほとんどいないからです。

　しかし，豊田先生は，どの子どもにも全く同じ態度で接してくれました。普段の授業では活発に発言する子どもが発表しても，先生の態度が変わらないので，正解かどうか自信を持てません。それは周りにいる子どもも同じ思いです。今までだったら，「○○さんが答えれば正解だから，自分は間違っている」と勝手に思ってしまったに違いありません。でも，豊田先生の姿から，「○○さんの答えは正解じゃないのかもしれない，だったら，私も発表しよう」という気持ちも出て来たのだと思います。

　授業に参加している子どもたち一人一人が自分の考えを話し，それをみんなでしっかりと聞き，一生懸命考えている姿を見て，この場にいるすべての子どもが生かされていると感じました。

　「探究の対話（p4c）」は子どもたちにとっても魅力的なものですが，私たち教師にとってもこれまでに経験したことのない子どもの姿を見せてくれる点で画期的なものになっています。

　ある中学校でのことです。一人の生徒にコミュニティボールが回ったとき，なかなか話そうとせずに黙ってボールをいじっていました。1分，2分，3分と時間

教師として自分を振り返る機会に

15

が経ちますが,まだ話をしません。隣の子が「パスしてもいいんだよ」と小声で教えてあげますが,それでもそのままです。やがて,おもむろに,小さな声で一言二言話をしました。見ていた私たちもほっとするとともに,それぐらいの内容なら,もっと早く言えただろうにと内心思っていました。

授業が終わってから,私たちに衝撃が走りました。同じ学年の先生の話では,その生徒の声を学級の中で初めて聞いたというのです。この生徒は場面緘黙という特徴を持っていたということを涙を流さんばかりに話してくれました。私たちも強く胸を打たれ,後で映像記録を見直しましたが,4分近くも経っていたと思った時間は,たったの1分15秒ほどだったのです。教師にとって待つことがいかに苦痛なことか改めて感じましたが,このとき発言を待たずに進んでいたなら,この生徒の声をみんなが聞くことはなかったことでしょう。

コミュニティボールを持つ人だけが話ができる,他の人は黙って話を聞く,まだできるだけ話をしていない人に回す,そして,どんな発言にも対しても馬鹿にしたり,からかったりしないという「探究の対話（p4c）」の約束があります。これは,集団の一員である教師も同様で,ボールが回ってこなければ,勝手に話をすることができないのです。こうした約束があるからこそ,これまでにない驚きの場面が生まれてきたのだと思います。

熱心に語り合う教師たち

上廣アカデミーの庄子修特任教授が,あるキャッチフレーズを考案しました。それは,「じっと待つ,誘導しない,まとめない」というものです。これまでの自分たちの授業を振り返るとまったく逆のことをしていたことに気づきます。限られた授業時間の中で,発言しない子どもを待つ余裕はなく,その時間の目標に近づくために子どもの考えを導き,最後にまとめをして終わるというのが,普通の姿でした。

しかし,「探究の対話（p4c）」では,このキャッチフレーズそのままに進んでいきます。そして,私たちが今まで経験したことのない出来事が次々と起こってきたのです。

豊田先生が子どもたちに接する姿から,すべての子どもたちの考えや発言を引き出すことの大切さに気づきました。なかなか発言しない子どもたちにも,じっくり時間をかけて待つことが大事だということも分かりました。私たち教師は,今一度原点に立ち返り,一人一人の子どもたちが自ら考え,自分の意見を話し,主体的に学ぶ姿勢を培っていくことが最も大切であることに気づかなければならないと思います。

新学習指導要領に明記されている「主体的・対話的で深い学び」を子どもたちに獲得させるために,教師自らがこれまでの指導に固執せずに,あらたな指導のあり方を身に付けていかなければなりません。これまでの常識を打ち破り,新しい時代を生きる教師に生まれ変わることが求められています。

次章では,私たちが取り組んでいる「探究の対話（p4c）」の原点であるp4cについて詳しく述べています。お読みいただければ,なぜ私たちがハワイで展開されているp4cを基盤としようとしたか,そして私たちが大事にしようとしているものは何かが分かっていただけると思います。

(野澤 令照)

# 第1章

# p4cって？

　p4c（philosophy for children）の実践や研究は，世界中で取り組まれています。私たちが取り組んでいる「探究の対話（p4c）」は，その中のハワイで開発されたp4cハワイ（p4c HI）を原点としています。

　ここでは，p4c HIをハワイ大学で学び，日本に伝える活動を長く続けていらっしゃる新潟大学の豊田光世先生に，p4cのことやp4c HIのことを解説していただきます。

# p4cの生い立ち

新潟大学准教授　豊田 光世

## (1) アメリカにおけるP4Cの誕生

　P4Cは，対話を通してさまざまな視点から問いを掘り下げ，新たな意味や理解，あるいはさらなる疑問を見出していく探究の時間です。P4Cという教育を開発し，初等中等教育の現場に普及させたのは，アメリカの哲学者マシュー・リップマン (Matthew Lipman, 1922-2010) です。リップマンがP4Cの開発を始めたきっかけは，学校教育において「考える力の育成」が必ずしも重視されていないということ，「考える」ことそのものに焦点を当てたカリキュラムが発展途上だということを認識したことでした。彼がP4Cの教育開発に積極的に取り組み始めたのは1970年頃からですが，その頃アメリカでは，「クリティカル・シンキング教育」への関心が急速に高まり，考える力に焦点を当てた教育を深化させようという試みが活発化していました。リップマンは，考える力を育むための具体的なペダゴジーを示し，こうした流れのなかで，重要な役割を果たしました。

　リップマンの提案は，「哲学」を生かして，考える力を育むカリキュラムを示していくことでした。哲学には，「難解な理論」というイメージがあります。そのため，哲学を初等・中等教育に生かすという提案は，「子どもに哲学ができるのか」「哲学が子どもたちの成長に望ましくない影響を与えないか」などの懸念を生んだそうです。

　しかしながら，多くの子どもたちは，現実社会のなかで，さまざまな困難や疑問と直面しながら生きています。家庭，学校，社会，世界，そして自己と対峙しながら，答えを出すことのできない「哲学的問い」を抱えています。どのような問いであれ，考えたいと思うことを深く突き詰めていくことは，子どもたちにとって重要，かつ必要な経験であるはずです。

　リップマンは，哲学を学んだことのない教師でも，すぐに学校現場で取り組むことができるように，誰もが活用できる教材開発に取り組んでいきました。最初の教材は，1969年に出版した『ハリー・ストットルマイヤーの発見』という物語でした。この物語は，ハリーという男の子が，文の構造についてある発見をする場面から始まります。「すべての○○は△△だ」という文は，「すべての△△は○○だ」に置き換えることができないという発見です。物語は，登場人物である子どもたちの会話として展開し，読者は，読み進めるうちに，いつの間にか論理学（ロジック）の世界に誘われていきます。リップマンは，形而上学，美学，倫理など多彩な哲学的テーマでこうした物語の教材をつくり，哲学的思考の教育開発の先駆者として，高い注目を集めたのです。

　ところで，80年代のアメリカで，クリティカル・シンキングへの関心が高まっていたのはなぜなのでしょうか。リップマンは，社会で活躍できる人材を学校が輩出できていないという不満が増大していたと説明しています。学校教育の成果をめぐり，さまざまな批判がアメリカ国内で沸き起こっていました。学校教育に対する厳しい声を，全ての国民が対峙すべき社会問題として取り上げたのが，1983年に公表された「国家の危機（A Nation At Risk）」という報告書です。この報告書は，教育者と研究者から成るグループによってまとめられました。かつては世界で大きな影響力をもっていたアメリカが，諸外国との知的，経済的競争に勝てなくなっているという問題提起から，この報告書は始まります。アメリカの危機を，学校教育の質の低下という観点から説明し，国力の低迷から抜け出すには，教育改革が不可欠だということを警告しました。アメリカが再び競争力を高め，民主的で自由な国として発展するためには，一人一人の力を最大限に伸ばしていく必要があ

り，そのためには教育内容，時間，教師のスキルと待遇を変えていくべきだとしています。この報告書は，学校教育の課題を，教育関係者だけではなく，全ての人が関わることとして提示し，教育改革に向けた大きな社会のうねりを生み出しました。クリティカル・シンキングへの関心は，こうした警告によって急速に広がっていきました。

もちろん，この報告書が示される以前から，思考力を育むことの重要性は教育者や研究者の間で議論されていました。アメリカでは，哲学者および教育者として活躍したジョン・デューイ（John Dewey）が，20世紀の初めから考える力の育成に注目していましたし，1960年代になると，イリノイ大学の教育学者であったロバート・エニス（Robert H. Ennis）らがクリティカル・シンキングについての議論を活性化していきました。もちろんP4Cを開発したリップマン自身も，同時期から思考力の育成に取り組んでいます。しかしながら，「国家の危機」の報告書は，学校教育の問題を，国家の存続に関わる重要な社会問題として，すなわち，教育者だけでなく，全ての国民に関わる問題として取り上げたことで，大きな社会的インパクトを残しました。この文書が，政府がクリティカル・シンキングに重点を置いて教育改革を推し進める大きな原動力の一つとなったことは違いありません。

1980年代に入ると，アメリカの国立教育研究所（National Institute of Education）は，教育学，心理学，哲学などの分野から専門家を招集し，研究会を重ねながら，思考力や問題解決力に関わる教育の実践と研究について意見交換を進めていきました。リップマンもこの研究会に参加し，彼の理論とアプローチを共有しています。こうした研究会は，時限的に開催されたものの，さまざまな分野の研究者が教育のあり方を再考するきっかけを生み出しました。その後，アメリカ全土で，クリティカル・シンキング育成の推進が加速していくことになりました。

## (2) ハワイでのP4Cの展開

1974年，リップマンは，アン・シャープ（Ann Margaret Sharp）と共に，モンクレア州立大学にP4Cの推進拠点（Institute for the Advancement of Philosophy for Children: IAPC）を設立しました。この拠点がP4Cを学ぶグローバルなプラットホームとして成長し，世界60ヵ国以上でP4C教育の実践や研究開発が行われるようになりました。

IAPCの研修がきっかけとなってP4Cが発展した地域の一つに，アメリカ合衆国ハワイ州があります。その中心的役割を担ってきたのが，ハワイ大学のトーマス・ジャクソン（Thomas E. Jackson）氏です。「子ども」と「哲学」が大好きだというジャ

子どもたちに囲まれて幸せなジャクソン氏

クソン氏は，IAPCでこの教育の理念と手法を学んだ後，1984年からハワイの学校でP4C教育の実践を開始しました。

多くの場合，新しい教育方法を学校に紹介する時は，教育関係者から大きな反発があるものです。多忙極まりない学校教育の現場では，新たな教育を受け入れる余裕がない場合が多いからです。しかしながら，P4Cの理念と手法は，ハワイで紹介した当初から多くの教員，教育行政の関係者，あるいは政治家から高い支持を得ました。その背景には，先に述べたように，当時のアメリカで，クリティカル・シンキングを教育に組み込むことへの関心が非常に高まっていたことがあります。思考力育成の強化を求める社会的流れに学校現場がどう対応するかという喫緊の課題があったのです。

教育の課題を解決するためには，教育現場での具体的な取組が不可欠です。思考力育成への関心

学校で哲学を！

が高まるなか，教育関係者は，どのような教育を実現していくべきかを悩み始めました。特にハワイでは，情報教授型の授業が浸透していたため，静かに座って話を聞くというのが学習者のあるべき姿として捉えられていました。そこで，思考力育成に主眼を置いた教育を展開していく方策を考えるため，80 年代のハワイでは，さまざまな研究会やワークショップが開かれていたそうです。

ジャクソン氏の提案は，考える力を育むための具体的なアプローチとして，学校教員や州議会のメンバーから大きな注目を集めることとなります。上院議員の一人は，P4C という教育に大きな可能性を感じ，この教育を推進するための予算を教育省に新たに配分するよう指示しました。その結果，ハワイ州教育省からの経済的支援を受け，ジャクソン氏は，1987 年から大学院生らと共に「Philosophy in the Schools（学校で哲学を！）」というプロジェクトを開始したのです。

教授型の教育が主流だったハワイの学校で，それとは対極的な P4C に高い注目が集まった理由は，先に述べた通り，教育現場において思考力の育成をいかに進めていくかという喫緊のニーズがあったからです。ただし，この教育に挑戦したいと思う教員は多くいたものの，P4C のペダゴジーが浸透するためには，この教育の考え方や手法について学ぶためのワークショップを開くだけでは不十分でした。どのように実践するかを示すためには，P4C の授業を進めるサポートを教育現場で行うことが求められていました。

学校教員からの要望に応えるべく，1987 年からジャクソン氏及び大学院生らによる対話の授業のサポートが始まりました。サポートを開始した当初，P4C の教育を取り入れる場合，対話の授業を少なくとも週 2 回設けることが条件となっていました。そのうちの 1 回は，ハワイ大学のメンバー（ジャクソン氏あるいは大学院生）が参加しての授業でした。彼らは，子どもたちと教師と一緒に輪になって座り，対話の場づくりや思考の掘り下げの支援を行いました。教師たちは，実体験を通して，P4C において必要となる子どもたちとの関わり方や，問いの掘り下げ方を学んでいきました。

こうした教育現場でのサポートが充実するためには，地域の学校に出向いて教員の支援を行う大学院生の育成が不可欠です。そこで，ハワイ大学は，大学生・大学院生がこの教育の理念と手法を学ぶ場として，Philosophy with Children という講義を開設しました。ジャクソン氏の指導のもと，主に哲学と教育学を専攻している学生が P4C を学びました。また，学校教員向けの P4C のクラスをハワイ大学のアウトリーチプログラム（地域・社会に開かれた教育プログラム）として提供し，キャリアアップを望む教員が，P4C について学びながら単位の取得をできるようにしました。

P4C 教育がハワイの学校で急速に広まるなかで，重要な課題も見えてきました。この教育を，継続していくことの難しさです。継続には，定期的に対話の時間を確保する必要があります。また，各教員のスキルアップのための努力，その努力を結実するサポート体制の充実が不可欠でした。P4C の普及が始まった当初，ハワイでは，この教育に関心をもった教師が自分の授業に生かしていくという，個人レベルでの試みが多かったそうです。学校教員に課せられる仕事が増大するなかで，週 2 回のペースで対話の時間を確保することは，非常に困難なことでした。また，対話は有機的なものであり，マニュアル化できるものではありません。もちろん，経験の積み重ねによって教師も子どもたちも，対話に参加する姿勢やスキルを高めていくわけですが，テーマやコミュニティの状態によって対話がうまくいかないこと，例えば，セーフティが低下したり，思考が深まらなかったりすることがあります。対話がうまくいかなかったと教師が感じた時に，悩みを共有できる仲間が近く

にいなければ，課題を乗り越えて実践していくのはとても難しいことです。そのため，この教育を実践し始めても，継続できずにやめてしまう教師も多かったのです。P4C という教育を実践しやすい環境を作るためには，個々の教師の努力だけでは十分ではないということ，学校全体としてこの教育に取り組むモデルスクールを育てていくことの重要性を，ジャクソン氏は認識したといいます。

　こうした問題認識のなか，ハワイ大学との連携体制を強化し，P4C のモデルスクールとして発展したのが，ハワイ州立ワイキキスクールです。校長のボニー・テイバー（Bonnie Tabor）氏が中心となって，P4C を学校全体の取組として展開していきました。また，ハワイ州立カイルア高校では，ハワイ大学で P4C を学んだアンバー・マカイアウ（Amber S. Makaiau）氏とチャッド・ミラー（Chad Miller）氏が教員として着任し，この教育を教科指導に生かす試みを始めました。彼らは「哲学的に探究する」ことを，学校全体の目標へと昇華させるとともに，他の教師を巻き込みながら多彩な教育実践へと発展させていきました。

## (3)　P4C から p4c へ：ハワイスタイルの探究学習の発展

　ハワイでは、リップマンが提唱したメソッドや教材をもとに、1980 年代後半から学校現場での P4C の実践が始まりました。先に述べましたが、この新たな教育の取組は、初め、教育関係者の大きな注目と賛同を集めました。しかしながら、具体的な実践を通して、徐々に課題も認識されるようになっていきました。ジャクソン氏は、実践を継続することの難しさの他に、P4C のために開発された教材を学校教育の現場で活用することの難しさを認識するようになりました。

　リップマンは、哲学対話を促進するために、モンクレア大学の大学院生と協働で教材（哲学的問いを考えるための読み物と教師のための指導書）を開発しました。この教材では、倫理、論理、言語、思考などのテーマについて、子どもたちの対話形式でストーリーが展開します。P4C の教材のなかには、西洋哲学の理論と深く連関している内容が組み込まれています。子どもたちにも楽しく哲学的議論を学べるようにと、工夫された教材です。子どもたちは、教材を読んで問いを立て、対話を行います。指導者は、子どもたちの思考を深めるサポートをするわけですが、哲学の議論に不慣れな教員でも対話に取り組めるようなガイドが必要でした。教材に添付されている分厚い指導書には、ストーリーに組み込まれている哲学的な面白さ、対話を深めていくためのポイントなどが丁寧に解説されています。行き詰まった時に参考になる教師へのヒント、例えば、対話を掘り下げるために教師が子どもに投げかける問いなどが示されています。

　モンクレア大学で開発された教材は、遊び心に富んでいて、読者はいつのまにか哲学の深い議論のなかに引き込まれていきます。哲学的思考を深める道筋を、この教材は示してくれています。ただし、ハワイで対話の実践を進めていくなかで、こうした教材の使用に伴って生じる問題が見えてきました。

　第一に、教科指導の準備だけで手一杯な状況であるのに、さらに P4C の教材を取り入れることは、多忙な教師にとって大きな負担でした。特に中学校と高校では、教科指導以外の時間を確保することが困難なため、そもそもリップマンの教材を活用する場面を作りづらいという状況もありました。第二に、リップマンの教材が、学術的な哲学のセオリー、とくに西洋哲学の議論をベースに作成されていたため、特定の議論や思考を子どもたちに教えることにつながらないかという懸念がありました。リップマンは、哲学の主要なセオリーを教えるために P4C を開発したわけではありません。彼の教材の狙いは、思考力を深める切り口を提供することでした。しかしながら、学術的な哲学の議論を分かりやすく理解させるための教材と誤解される可能性がありました。

　こうした課題の認識がきっかけとなって、ジャクソン氏は、ハワイ独自のペダゴジーを模索する

ようになりました。どうすれば、リップマンスタイルのP4Cの本質を生かしながら、学校現場で実践しやすい取組へと発展させることができるでしょうか。研究者と学校教員は、意見交換を重ねながらハワイの学校で実践可能なP4C教育を検討していきました。その過程で要となったのが、探究の源泉に立ち戻ろうという視点です。

　P4Cでは、探究の源泉である「ワンダー」を重視しています。ワンダーとは、不思議に思う気持ちや、想像を超えることへの驚きを意味し、わたしたちの日々の経験から生まれるものです。哲学というと難しく聞こえるかもしれませんが、P4CのPが意味するフィロソフィーとは、「なぜ？」「どうして？」と問い深めていく営みです。フィロソフィーが展開するには、子どもたちの経験、興味、関心から生まれるワンダーが最も重要です。そこで、彼らのワンダーを開き、みんなで探究を楽しめるような対話の場をつくるための工夫を、ジャクソン氏が中心となって考え始めました。その結果、独自の対話教育のカタチが発展しました。その具体的な手法については次節で紹介します。

　ハワイで開発したP4C教育は、リップマンが提案した教育の枠に収まらない特徴をもっています。それでもなおハワイでの取組を「P4C」と呼び続けてよいのだろうかという疑問が、徐々に生まれていきました。実は、同様の問題は、他の国でも生じていました。リップマンのP4Cは、さまざまな国の研究者と教育者から注目を集め、国境を越えて広がっていきました。世界の国々で多彩な文化・社会背景をベースにさまざまな形に発展していきましたが、どこまでを「P4C」と呼ぶべきかという議論は、今もなおこの教育にかかわる研究者や教育者の間で続いています。

　ハワイのジャクソン氏は、P4C（ピー・フォー・シー）という名前そのものがもつ遊び心を大切にしたいという思いを持っていました。また、リップマンから学んだ「子どもと哲学する」という教育の精神を引き継いでいきたいと考えていました。そこで、読み方はそのままに、小文字で「p4c」と表記するのはどうかというアイディアが生まれました。

　P4Cからp4cへの転換は、単に大文字か小文字かという表記の違いだけではなく、この教育の目標を問い直すための重要なメッセージが込められています。ジャクソン氏は、フィロソフィーという言葉の意味を、Big P Philosophy（大文字のPのフィロソフィー）と、little p philosophy（小文字のpのフィロソフィー）という二つの表記で捉え、ハワイのp4cが追求しているのは後者だとしています。Philosophyとphilosophyは、それぞれ「対象としているもの」と「行為」が異なります。前者は、東西さまざまな文化の思想家の議論を対象に、それらを詳細に分析し、新たな知を生み出していく、いわゆる学術分野としての哲学です。この哲学を生かした教育には、過去に思想家が提起してきた多彩なアイディアや理論を、子どもにも分かりやすいかたちで伝え、形而上学、認識論、倫理などの議論を子どもたちの視点から発展させていくようなプログラムがあります。一方で、後者は、参加者の経験や考えをもとに、「どうして？」「本当に？」と問いかけながら物事の理解を掘り下げていく営みです。自らの経験や知識を掘り起こし、考えの根っこにある理由や根拠を突き詰めながら、自分の思考や感情を揺さぶり、新たな視点で世界を捉えていくことに挑戦していきます。philosophyは、わたしたちの生活に密着したものです。生まれた時から人は疑問をもち、より確かな、あるいはより深い意味を探究するという意味において、誰しもがphilosopherであるとジャクソン氏は述べています。

　自分の経験や考えを語る時間は、自分自身と向き合い、他者を理解していくために、とても大切です。ただし、こうした時間は、学校生活のなかで必ずしも十分に確保されているわけではありません。子どもも教師も、カリキュラムや課せられたタスクをこなすことに追われています。学校教員と話をすると、「子どもたちと向き合う時間がない」という不満をよく耳にします。このことは、日本だけでなく、ハワイの学校でも同じように課題となっています。p4cは、まさにこうした悩みと向き合い、学校現場で実践可能な工夫を積み重ねることで、有機的に発展していきました。

# 2

# p4cの基本メソッド

　子どもたちの探究心を高め，思考を深めていくための学びはいかにあるべきか……ハワイでこの教育に取り組んできたジャクソン氏は，学校教員との協働を通して，教育現場で実践できる理念や方法を提案してきました。この教育には，子どもたちが主体的に考えていくプロセスを尊重するための，さまざまな工夫が組み込んであります。

　ハワイで行われている p4c の基本メソッドは，「バニラアイス（Plain Vanilla）」と呼ばれています。次のような流れで p4c の対話は進みます。

---

a) 教師を含む全員が輪になって座ります。
b) 教材や授業のテーマに応じてみんなで考えたい「問い」を出し合い，その中から（主に多数決で）一つ選びます。
c) 選ばれた問いについて意見や疑問を交わしながら対話を進めていきます。さまざまな角度からテーマについて問い深めていきます。
d) 時間になったら対話をやめ，参加の姿勢，思考の深まり，対話のコミュニティの成熟度などについて自己評価します。

---

　このメソッドは極めてシンプルで，さまざまな教科指導や学級づくりに応用することができます。バニラアイスにいろいろなトッピングやフレーバーを追加できるように，教育のコンテンツや子どもたちの状況に応じて，必要な工夫を加えていけばよいのです。これまでも，日本の教育現場では，多様な形態のディスカッションやグループワークの手法が生かされてきましたが，p4c の大きな特徴は，子どもたちの主体性を重視し，彼ら自身で対話を深め，問いやテーマを掘り下げていく場をつくろうとしているところにあります。

　子どもたちが主体となって対話を進めていくために，p4c の実践に関わる学校教員や研究者が共同でさまざまな工夫を開発してきました。例えば，ハワイの p4c に特徴的な三つのツールがあります。生徒間の対話を促進するための「コミュニティボール」，考えを深く掘り下げるための「ツールキット」，子どもたちが主体的に対話を進行するための「魔法の言葉」です。生徒と教師は，こうしたツールの生かし方を徐々に習得し，共同的な探究に取り組みます。

　p4c の基本メソッドやツールは，これまで学校教育が「当たり前」としてきたことに大きな揺さぶりをかける，非常にラディカルな教育の試みでもあります。

## p4cの手法的な工夫
## (1) 子どもたちが対話の問いを考える

　考えるプロセスは，不思議に思うこと，疑問をもつことから始まります。「ワンダー」が，探究のスタートポイントです。しかし，学校教育のなかで，子どもたちが自分たちの疑問と対峙する場面はどれだけあるでしょうか。多くの授業では，生徒が考えるべき課題を提示するのは教師です。子どもたちは，出された課題の枠なかで思考をめぐらせ，さらに教師が想定している到達点にたどり着くことを期待されます。一方，p4c では，生徒自身が対話のテーマとなる問いを考えることから始めます。一人一人の「ワンダー」に目を向け，不思議だなと思うことを問いの形で表現していきます。このプロセス

は，p4c の対話を行ううえで欠かせないものです。授業のテーマや教材を提供するのが教師であっても，問いを立てるのは子どもたちなのです。

教師のなかには，こうしたアプローチに難しさを感じる人もいます。授業を深めていくための「適切な問い」を子どもたちが立てることは困難と判断し，あらかじめ対話の問いを用意してしまう教師は少なくありません。思考の深まりを意識しすぎて，掘り下げるための問いを事前にいくつも用意するようなこともあるでしょう。教師は授業内容に合致した落とし所に子どもたちを導かなければならないというプレッシャーから，対話が始まる前に，想定される道筋を描きます。道筋がないということは，指導者として非常に不安なことだからです。しかしながら，問いを立てる主導権を教師が握ることで，子どもたちは非常に狭い枠の中でしか思考することを許されなくなってしまいます。教師が出す問いには，正解（到達してほしい解）があることが多いため，子どもたちは，正解を探りながら考える習慣から抜け出すことができません。

考えるきっかけを与えてくれるのは，一人一人のワンダーに深く根ざした問いです。主体的な探究は，初めに疑問を言葉で表現し，問いを共有することから始まります。たとえ問いがうまく立てられなかったとしても，自分が経験した不思議を言葉に表そうと努力することそのものに学びが宿っています。子どもたちの問いに耳を傾けると，同じ教材から実に多彩な問いが生まれることに驚かされます。問いの共有を通して視点の多様性を知ることも，思考を深めていくことにつながる非常に大きな学びです。自分が抱いている問いを探り言語化すること，また他者と問いを共有しながら一つの課題を捉える視点の多様性を学ぶことは，探究者として成長していくための貴重な経験となります。

## (2) コミュニティボールを用いて生徒間の対話を実現する

p4c では，最初に「コミュニティボール」という毛糸玉をみんなで作ります。そのボールを渡しながら対話を行います。ボールは発言権を象徴しています。話したい人は手を挙げてボールをもらい，自分の考えや疑問を述べたあと，次の話者を選んでボールを渡し，対話をつないでいきます。対話は話す人と聴く人がいることで成り立ちます。ボールを持っていない人は，ボールを持つ人の発言権を尊重し，じっくり声に耳を傾けます。

対話に参加した人たちの声を聞くと，ふわふわしたボールの感触が安心感につながる，視線がボールに集まることで話すことが苦手な人でも少し緊張がほぐれる，待つ姿勢が自然と高まってくるなど，ボールにはさまざまな効果があるようです。また，思いや考えをなかなか発言できない子どもたちにとっては，ゆっくりと言葉を紡ぐ勇気にもつながるようです。ボールをもらったけれど話すことを忘れた場合や，話したくなくなった場合は，ボールを次の人にパスしてもよいというルールで対話を行うのですが，時にボールを持ったまま，じっと黙っている子どもがいます。言葉が交わされ

ボールを持つ話者に自然と目が向く

ないまま数分間沈黙が続くこともあります。結局何も言えずにボールを次の人に渡すこともありますが，最後にひとこと，思いを言葉にできた時，計り知れない成長の可能性が生まれます。周りで

見守っていた子どもたちも，耳を傾けたり一緒に考えたりすることを通して，探究者として成長します。共に考えるコミュニティは，意見を交わすだけでなく，話せないという葛藤も経て，徐々に形成されていきます。

コミュニティボールは，教師が指名しなくても子どもたちの間で対話が進むように開発されたツールです。ネイティブアメリカンの部族が話合いの場で用いていたトーキングスティックから発想を得たもので，立場や年齢の違いを超えて公平に発言権を分かち合うという意味があります。教師も子どもたちと同等の発言権をもつわけです。このパワーシフトは，通常の授業のなかで，いつでも自由に発言できる教師にとって，非常に大きなチャレンジです。ボールを使うと，教師は，話したくてもなかなか発言の機会を得られないもどかしさを実感し，今まで自分自身がいかに大きな権利を得ていたかを知ります。ボールを優先的にもらうことができるのは，まだ話す順番を得ていない人であり，必ずしも教師ではありません。もちろん，対話のマナーが低下した時に，ボールがなくても教師が介入することはあります。しかしながら，コミュニティが醸成するなかで，介入の必要性は徐々に少なくなっていきます。発言権のパワーシフトを促すコミュニティボールは，教師と生徒が共に考える場をつくるうえで非常に大きな役割を果たします。

## (3) 深く考えるためのツールキット

　p4cでは，子どもたちの問いから対話を始め，考えや疑問を共有しながら，テーマについての理解を徐々に深めていきます。互いの声を聞き，疑問に思ったことを投げかけながら，掘り下げていくことを目指します。しかしながら，「対話の深まり」をすぐに実感できるとは限りません。特にp4cに取り組み始めた初期の段階では，選ばれた問いに対する意見を子どもたちが順番に述べるだけになってしまい，「いろいろな意見が聞けたけれど，深まったかどうかよく分からない」という感想が聞かれることが多々あります。いかに対話を深めていくかということが，p4cを始めた教師の最大の関心事です。

　どのようにしたら対話を深めていくことができるのでしょうか。p4cに取り組む教師は，子どもたちの考えをうまく掘り下げることができない，上手な問いかけの仕方が分からないと悩みます。しかしながら，教師が対話をうまくリードしたからといって，子どもたちが考えを掘り下げる力を習得できたとは限りません。わたしたちが取り組むべきことは，考えを掘り下げるためのスキルを，探究の対話を通して育てていくことです。そのための1つのアプローチとして考え出されたのが，「深く考えるためのツールキット」です。ツールキットは，7つのアルファベットが書かれたカードで，それぞれのカードが掘り下げるための異なる切り口を示しています。

W：それはどのような意味ですか？
R：なぜそう考えるのですか？　理由は何ですか？
A：どんな前提が含まれていますか？
I：何を連想しますか？　どのように推論しましたか？
T：本当ですか？
E：例えば？　例をあげて考えてみると…。
C：しかし，こんな場合もありませんか？（反例）

カイルア高校で教室の壁に掲示されたツールキット

　ツールキットは，思考にチャレンジする7つの観点を示しています。これらの観点は，思考力育成に取り組むジョージ・ガナタコス（George Ghanatakos）が対話の深まりを評価する切り

ツールキットを用いた対話の風景

口として提案したものです。もともとは教師が使うツールとして示されたのですが、ジャクソン氏によって子どもたち自身が対話を掘り下げるために使うツールとして発展しました。対話に参加する人たちは、生徒であれ教師であれ、理解を掘り下げるために、ツールキットに書かれたような観点を参考に、意見を述べたり問いを投げかけたりします。例えば、対話をする時に、カードを床に並べておいて、7つの観点を意識できるようにします。あるいは対話のなかで、意味を問う、理由を聞く、例を示すなどの発言があった時にカードをマークし、思考の深まりの流れを認識できるようにします。もちろん、カードを並べておいたからといって、すぐに掘り下げの観点を習得できるとは限りません。さまざまな教科でツールキットを生かすことで、理由を考える、例を示す、本当かと問い直すといった探究の基本スキルが身についていきます。

## (4) 子どもたち自身が対話を進行するための魔法の言葉

　コミュニティボールと並んで、子どもたちによる対話のファシリテーションを促す工夫が「魔法の言葉（magic word）」というものです。「もう少し大きな声で言ってください」「よく分からなかったのでもう一度言ってください」「話題からそれています」など、対話を進めていくためのキーフレーズを呪文のような言葉に置き換えたものです。例えば、POPAAT（Please One Person At A Time）という魔法の言葉があります。この言葉は、話すのは一人だけにして他の人はしっかり聞こうという提案を意味します。それぞれのクラスで魔法の言葉を決めて、対話のマナーを学んでいきます。

　これらの言葉は、授業を進めていく際に教師が投げかけるものですが、子どもたち自身も使えるようにすることで、楽しみながらファシリテーションに参加できるようにします。対話がうまく進んでいないと感じたら、コミュニティボールを持っていなくても魔法の言葉を使って流れを変えていくことができます。こうした工夫によって、教師だけでなく子どもたちも、対話の場をつくりだす力を習得していきます。

　本節で紹介したp4cの工夫の背景には、子どもたちが主体的に学びの場を構築していくことがいかに大切かという認識があります。この認識は、教師と生徒の間に、新たな関係性を築いていく、すなわち学びの場の構造を転換することへとつながっていきます。p4cという教育では、子どもたちを「指導の対象」ではなく「学びの場を共につくっていくパートナー」として捉えています。したがって、対話を進めていくなかで、教師だけでなく、子どもたちの果たす役割が多くあります。

　このように述べると、p4cにおいて教師の役割は非常に小さいもののように見えるかもしれません。しかしながら、教師が果たすべき役割は、多くあります。セーフティの重要性の確認、ツールを上手に使うためのサポート、問いを誘発するような教材の選定といった役割のほか、さらに重要なのは、自分自身が探究者として問いと向き合い、自らの思考にチャレンジする姿を見せていくことです。探究者のロールモデルとして、さまざまな声に耳を傾け、考えを掘り下げていくことに挑戦する……子どもたちは、そうした教師の姿から、考えることの楽しさ、深さ、大切さを学び、探究者として成長していくのです。

（豊田 光世）

# 3

# p4cの対話で心がける3つのこと

　p4cハワイのペダゴジーには，リジッドなプロトコールがありません。プロトコールとは，何かを実施する時に細かく定められた条件，手順，計画などを指します。前節で示した基本メソッドは，p4cという教育を具体化する1つのアプローチであり，p4cの実践者はこのメソッドに従わなければならないというわけではありません。プロトコールが無いということは，学校現場の状況やニーズによって，p4cを多様に展開しうるということです。ただし，その根幹には，共通したポリシーもあります。「ここがp4cには欠かせない」というミソです。

　本節では，対話の探究を進めていくうえで重視しているp4cのミソを3つのポイントとして示します。第一に「学びの場のセーフティを育む」ということ，第二に「急がずにゆっくり考える」ということ，第三に「教師も生徒もみんなで一緒に考える」ということです。これらの考え方は，つながりあって，p4cの重要な基盤を作っています。

## (1) 対話の基盤「セーフティ」を高める

　対話の輪の中にいる人たちが，それぞれの心に浮かんだことを，飾ることなく，恐れることなく，声にすることができれば，さまざまな視点を重ね合わせ，新たな考えや疑問を生みだす可能性が膨らむでしょう。わたしたちは，それぞれ異なる視点をもっています。30人が集まれば30通り，100人いれば100通りの発想があるかもしれません。ひとつひとつの声には，異なる経験やストーリー，個性が含まれています。もし，話合いの場に参加した人たちが，自分の声を塞ぎ込んでしまったら，個性は生かされることなく，対話の創造的ポテンシャルは狭まっていきます。

　多彩な声が共有され，対話が豊かなコミュニケーションとして成熟していくためには，それぞれが心に浮かんだことを，もちろん他者を傷つけないという配慮のもと，躊躇なく表現できる場が必要となります。そのような場を作るための道しるべとして，p4cでは「セーフティ」を育むことの重要性を掲げています。セーフティは，対話を始めるうえで重要なコミュニティの基盤であると同時に，p4cという教育が対話を通して達成しようとしている目標でもあります。

　セーフティが何を意味するのかを理解するために，まずは，セーフティが保たれていない状況とはどのようなものかを考えてみましょう。例えば「こんなことを言ったら他の人から馬鹿にされるのではないか」，「みんなからすごいと思われることを言いたい」，「自分の考えていることは取るに足らないことだろう」などの考えによって，わたしたちは自分の考えを共有することをためらうことがあります。何か話したいことがあっても，自分の考えを自分自身で評価して，封じ込めてしまうということを，多くの人は経験したことがあるでしょう。聞いて欲しいという気持ちがどこかにあるにもかかわらず話せないというのは，セーフティが保たれていないということです。

セーフティをつくるために

　対話は，単に人が集まるだけで展開するわけではありません。意見や疑問があったとしても，誰も何も話さないという場合もあります。特に，大人数のなかでは，「話す」ことへのハードルが上がります。一部の人が話し，大部分の人は聞いているという状況は，よくあることでしょう。

　また，活発に多様な意見が共有されたと教師が思ったとしても，

生徒は異なる評価をすることもあります。40名ほどで対話をしたあと，ふりかえりのワークシートに次のような感想が書かれていたことがありました。「みんなすごいと思った。ただし，くだらないことを言いづらいと感じた」。こう感想に書いた人は，本当に「くだらないこと」を言いたかったのでしょうか。それとも，「他の人と比べると，自分の意見なんてくだらない」と思ってしまったのでしょうか。「くだらないことを言いづらい」という言葉には，どんな思いが込められていたのでしょうか。「みんなすごいと思った」という言葉から，他者と比べて自分の意見はくだらないと思ってしまったのではないかと推測できます。そうだとしたら，この生徒にとってセーフティが低下していたのかもしれません。

　対話の始まりとして最も大切なことは，安心して発言できる「セーフティ」を高めていくことです。では，少しでもセーフティを高めていくために何ができるのでしょうか。声を共有することのハードルを下げるためには，どのような工夫が必要なのでしょうか。

　どのような時にセーフティが高まるか，あるいは低下するかということについて，生徒と教師が一緒に考えていくことも，p4cの対話を始めるうえで重要なステップです。セーフティを育むためには，対話に参加する人全員が，セーフティの意味やそれを高めるためにできることについて考え，行動に移していく必要があります。セーフティは，コミュニティ全体の働きかけによって，少しずつ育まれていくものです。

　先ほど，「くだらないことを言いづらいと感じた」という生徒の感想を紹介しましたが，わたしは翌週の授業で，この感想を，クラス全体で共有しました。そして，次のように語りかけました。「くだらないことを言いづらいと感じた人がいます。セーフティが保たれていなかったということではないでしょうか」。そして，セーフティを高めるために，一人一人が何をすべきか考えてもらいました。こうしたプロセスを通して，セーフティというものの認識が深まっていくのだと思います。

　ハワイの伝統的文化には，Pu`uhonua（逃れる場所）という言葉があります。この言葉は，セーフティが保たれた対話の場を象徴するとジャクソン氏は言います。ここで「逃れる」というのは，自分自身が逃げるということではありません。それぞれのワンダーや好奇心が救済される場所という意味です。こうした場は，自分自身でいられることの安心感も象徴します。セーフティを高めることは，生徒だけでなく，教師にとっても重要なことです。教師自身もセーフティを感じ，自分らしくいられるような環境を作ることが，p4cの対話の基本的な条件です。

　学校のなかで，教師は，子どもたちを指導するという重要な役割を担っています。それが故に，p4cの対話でも，自分が対話を深めなければならないというプレッシャーを感じ，セーフティを見失います。子どもたちは楽しんで対話をしていても，先生の頭の中は真っ白ということがしばしばあります。深める問いを教師が出さなければいけないと焦りを感じ，空回りしてしまう…これこそ，先に述べたセーフティが失われた状態です。その時に，肩の力を抜いて，子どもたちとともに考えることを素直に楽しめるかどうかが，対話が実り多きものとなるかにつながっています。対話を通して共有されていく声に意識を集中すると，子どもたちの考えに対する驚きや疑問が自然と生まれ，教師自身も探究者になれるでしょう。こうした教師の姿勢が子どもたちのセーフティを高めることにもつながり，さらなる対話の深化を生み出していきます。

## (2) 急がずにゆっくり考える時間をつくる

　対話におけるセーフティは，p4cのもう1つのポリシー「急がない」ということとも深く関わっています。ジャクソン氏は，p4cの対話を進めていくときの心構えとして，「急いでどこかに辿り着こうとするのではない（We are not in a rush to get anywhere.）」ということを強調しています。対話は問いを立てることから始まりますが，その目的は，必ずしも問いの答えを出すことで

はありません。時間内に急いで答えを出そうとするのではなく、ゆっくり時間をかけて多様な視点から問いを吟味することが、p4c の醍醐味です。何か疑問が提示されても、「それは○○だからだ」と、早急に合点を示そうとしている段階では、まだ急いでいると言えます。自分たちが心に浮かんだことを表現してみて、みんなで考えを少しずつほぐしていきます。特に、自分たちが当たり前だと決めつけていることに対して、「本当に？」と問い深めていきます。対話をどこかの方向へ無理に引っ張るのではなく、対話が流れる方向に、身を委ねるというイメージです。

みんなでじっくり問いを選ぶ

　学校において、子どもたちは、さまざまなプレッシャーにさらされています。どれだけ素早く、多くの知識を習得できるかの競争です。学力の評価は、正確な知識をどれだけ習得できたかを中心になされます。課題について、時間をかけてさまざまな方向から考えていたら、時間切れになってしまいます。常に時間に追われながら課題をこなしている子どもたちの日常に、立ち止まってゆっくり考える時間はほとんどないのではないでしょうか。もちろん教師も同じです。教えなければいけない内容が山積しているだけでなく、日々さまざまな業務に追われています。教師からよく聞かれるのは、もっと子どもたちと向き合う時間が欲しいという不満です。そんな状況のなか、「急がない」ということは、苦痛であり、無理だという声もあるでしょう。

　先に述べた「セーフティを高める」という理念は、これまでの学校教育においても重視されてきたことですから、違和感をもつ人は少ないでしょう。子どもたちが学ぶにふさわしい環境を作るためには、学級運営への配慮は不可欠です。子どもたちの人間関係が、授業の流れや学ぶ姿勢に影響を与えていることを身にしみて感じている教師にとって、セーフティの構築の重要性は、抵抗なく賛同できることなのではないでしょうか。一方で、「急がない」ということを、難しいと感じる人は多いかもしれません。日本だけではなく、ハワイの教師も同様に、急がないことの難しさを感じています。したがって、急がないなどということは、教育現場の状況が分からない者の場違いな発言のようにも見えることもあるでしょう。

　しかしながら、教育現場のこうした現状を踏まえているからこそ、p4c の対話は、急がずにゆっくりじっくりと考えることの大切さを強調してきました。教育の方向性を考えていくうえで、ジャクソン氏は、次の 2 つのことを切り分けなければならないと述べています。教育のなかで「急いでやるべきことは何か」と「重要なことは何か」です。この話を聞いた教師たちは、単に「追われる」のではなく、自分が教師としてすべきことを考え始めたと言います。同様に、ハワイで p4c の実践に取り組むベンジャミン・ルーキー（Benjamin Lukey）氏は、「時間を無駄にすること（wasting time）」と「時間をとること（taking time）」の違いを指摘しています。じっくり物事を問い深めていくことは、決して無駄ではないはずです。

　では、対話のなかで生じる「沈黙」は、「時間の無駄」でしょうか、それとも「意味のある時間」でしょうか。ゆっくり考えていく過程で最も象徴的なことは、沈黙をどのくらい許容できるかということです。教師にとって、沈黙は非常に居心地の悪いものです。沈黙を全ての思考がストップしている時間と捉えれば、無駄に見えてしまうでしょう。しかしながら、考えているからこそ沈黙することもあります。沈黙をさえぎらずにどれだけ待つことができるかということも、ゆっくり考えていく際のチャレンジです。

　仙台のある小学校での例をもとに考えてみましょう。その日の対話のテーマとして子どもたちが選んだのは、「世の中にはなぜ悪い人がいるのか」という問いでした。教師が、この問いを提案した子どもにコミュニティボールを手渡し、「なぜこの問いについて考えたいと思ったのですか」と尋ねると、その子はずっと黙ったまま何も話そうとしません。3 分くらい経過した時（もしかする

と1分ほどだったかもしれませんが，ずいぶん長く感じました），「どんな理由でもいい，この問いを考えた時のことを覚えていたら教えてください」と教師が言いました。答えを急かすのではなく，待つ姿勢が，その先生にはありました。それでも，ボールを持った子どもは，何も言葉を発しません。さらに2分ほど経った時に，その子から教師にボールが渡りました。教師は「もし理由を思い出したら，その時に教えてくださいね」と言って，他の子どもたちにボールを渡しました。この子どもは，対話の間，手を挙げて発言することはありませんでした。しかし，対話が終わる前に教師が再び彼にボールを渡すと，この問いを思いついた理由を一言話しました。対話を見ていた大人たちは，考えました。対話の初めに生じた5分の沈黙には，どのような意味があるのかと。

　p4cの対話に参加すると，子どもたちがボールを持ったまま黙っているという場面を経験します。そういう場面に居合わせた多くの教師は，時間を無駄にしているような気がして，「早く発言してくれないかな」と焦ります。探究の思考は完全にフリーズし，「どうしよう」という言葉ばかりが，ぐるぐると頭の中を駆け巡ります。他の子どもたちの集中力も途切れてしまうような気がします。とにかく早く何か話してほしいという気持ちで，頭がいっぱいになってしまいます。待った

ボールを持ってじっと考えることも

結果，その子が一言でも話してくれたら，「よかった，待った甲斐があった」とほっとできるかもしれませんが，何も話さなかった場合，「時間がもったいなかった」と思ってしまうのではないでしょうか。

　しかし，実は「沈黙」そのものに大切な意味があります。沈黙の大切さは，「教師がうまく対話をリードしなければいけない」というプレッシャーから解放され，沈黙を受け入れることができ

きた時にこそ見えてきます。

　最初にボールを手にした子どもが黙っていた5分間を，じっくりゆっくり考える絶好のチャンスと捉えることもできます。「世の中になぜ悪い人がいるのか」という疑問は容易に答えられるものではありません。自分はどんな人を「悪い人」と思うのか，「悪い人」が「悪い」ということを誰が決めるのかなど，いろいろな考えや問いが頭をめぐり始めると，5分では足りないくらいです。対話の初めに，自分自身で問いについてゆっくり考える時間をもつことができれば，ボールを回し始めた時に，多彩な考えが活発に交わされます。自分が最初に考えたことを，他の人の考えと照らし合わせながら，共感する部分や違いに注意を向けて考えることができるのも，初めにじっくり考える沈黙の時間があるからです。

　他にも「沈黙」には意味があります。黙ったままボールを抱えていた子は，話したくなければ，他の人にボールをパスすることができたのです。前節でも述べましたが，コミュニティボールを用いての対話では「パスする権利」というものがあります。話したくなければパスしてもよいというきまりです。つまり，しばらくの間ボールを持ったままでいるというのは，話したいという意志の表れでもあります。おそらくこの子どもは，一生懸命言葉を紡ごうとしていたのです。

　p4cの対話では，沈黙を無理に遮って，教師が介入する必要はありません。もちろん，思考の停止やセーフティの低下によって沈黙が続いている場合は，教師が対話の流れを確認したり，セーフティを高める工夫をしたりすべきです。ただし，沈黙の意味を理解することも重要です。「沈黙を大切にする」ということは，急がないということの最たる象徴です。先ほども述べましたが，対話の目的は，問いの答えを導くことだけではありません。混乱すること，すなわち，問いがきっかけとなって，分かっていたことが分からなくなることも，深まった1つのサインです。一人一人がじっくりと経験や思いをふりかえり，問いから生まれるさらなる問いを考えたり，異なる経験を語り合ったりして，「寄り道」をしながら対話は少しずつ進んでいきます。その過程で，一人一人

が新たな発見をし，対話を始める前とは異なる視点で世界を見ることができるようになります。沈黙も味わいながら，じっくり言葉の海を泳ぐことが，p4c の対話の楽しみです。

## (3)　教師と生徒の関係性を変えていく

　最後に，p4c のポリシーで，わたしが最も重要，かつ最も難しいと思うのが，教師と生徒の関わり方を変えていくということ，もう少し具体的に言えば，子どもを思索者として尊重する姿勢を大人がもつということです。大人と子ども，特に教師と生徒の間には，はっきりとした立場の差があります。前者は指導するもの，後者は指導されるものという立場の差です。この差は，異なる場面において，さまざまな意味をもちます。生活指導では，教師が生徒にモラルや規律の理解を促し，教科指導では，教師が知識やスキルを教授します。また，指導者である教師には，子どもたちの学習環境を整えるという責務もあります。学校で実り多い学びを実現するために，教師はさまざまな役割を担っています。

　p4c の時間では，こうした教師がもつ役割の一部を，できるだけ子どもたちに委ねていくようにしています。指導するものとされるものという関係から，共に学びの場をつくるパートナーへと，教師と生徒の役割を変化させようとしているのです。なぜなら，こうした変化が，教育の観点から言えば，子どもたちの主体性を育むことにつながりますし，倫理の観点から言えば，子どもたちを人として尊重することにつながるからです。

　p4c の対話の時間に子どもたちに委ねることには，例えば次のようなものがあります。まず，対話のテーマとなる「問い」を立てるということです。問いは，学びの過程を方向づけていくうえで非常に重要なものです。多くの授業では，教師が問題を提示し，生徒が答えを考えます。子どもたちは出された課題の枠のなかで思考をめぐらせます。また教師が出す問いには，正解があることが多いため，子どもたちは，その正解を探りながら考えることになります。一方，p4c では，生徒が問いを考えます。授業のテーマや教材を掘り下げていく方向づけを，生徒自身が行うのです。問いというものは，「分からない」あるいは「知りたい」という気持ちから生まれてきます。それぞれの生徒の問いを大切にすることで，主体的な探究が始まります。

　また，対話に慣れてくると，子どもたちは，対話のファシリテーションも担うようになります。最初の段階では，教師がファシリテーターとして対話を進めていくことが多いでしょう。しかしながら，徐々に対話に慣れていくことで，生徒自身が対話の流れを作り出し，考えを掘り下げていくようになります。「コミュニティボール」，「深く考えるためのツールキット」「魔法の言葉」などのツールを生かして，教師と生徒が発言権を公平に分かち合い，みんなの声を引き出しながら考えを掘り下げるコラボレーションを進めていくのです。対話がうまく進まない時に問題を解決するのも教師一人ではなく，対話に参加する全ての人の役目なのです。

　繰り返しますが，p4c の時間では，教師と生徒は，共に考えるパートナーです。学びの環境づくりについても，一緒に考えていきます。セーフティが低下したり，対話が行き詰まったり，うまく考えが深まらなかったりした場合には，どうしたらよいかをみんなで考えます。子どもたちを一人の探究者として尊重する関係性は，こうした協働から生まれます。

　教師と生徒の関係性を変化させていくことは，必ずしも簡単なことではありません。少なくとも教師にとっては，非常に困難なことです。もちろん，「指導者」としての教師の役割が尽きることはないでしょう。ただし，教師が勇気をもち，子どもたちにさまざまな役割を委ねていくことができれば，学びの機会は確実に広がっていきます。　　　　　　　　　　　　　　　（豊田　光世）

# 第2章

# みやぎで広がる「探究の対話（p4c）」

　仙台市の小学校2校，中学校1校から始まった活動も4年が経ちます。今では，仙台市だけでなく，白石市をはじめ宮城県内の公立学校で実践が広がっています。

　ながい間伝承活動を続けてこられた豊田光世先生に，「こんな短期間のうちに、これほど普及しているのは奇跡だ」と言わしめる状況がどのようにして生まれたのか，誕生した時からのあゆみを振り返りながら紹介します。

# 1 誕生から現在までの経緯

2011年3月11日。突然発生した東日本大震災は、マグニチュード9.0の激しい地震とその後に押し寄せた大津波によって、かけがえのない多くの人々の命が奪われ、家も建物もすべて破壊してしまいました。その厳しい惨状を、マスコミは連日報道し、世界中へと広がっていきました。

たまたま、その報道をテレビで見ていたハワイ・ワイキキ小学校の子どもたちから、日本の子どもたちに応援の手紙を送りたいという声が上がりました。ワイキキ小学校では、それまでハワイでの

プレゼントされたTシャツと鶴谷校長

p4c活動を支援してきた公益財団法人上廣倫理財団(以下、財団)に相談をしました。その仲立ちを快諾した財団が、被災地の学校の中から、学校規模が同程度の学校を探していたところ、これまで財団主催で行っていた道徳作文コンクールで縁のあった仙台市立若林小学校が候補に挙がりました。財団から、当時の河原木校長に打診したところ、快く申し出を受け入れてくれました。早速、ワイキキ小学校から、子どもたちの応援メッセージとオリジナルのTシャツ数百枚が送られてきました。これが縁で、後任の鶴谷校長のもと若林小学校とワイキキ小学校が姉妹校として交流を始め、財団主催の日米教員交流によって来日するハワイの教師たちが、毎年若林小学校を訪問するようになりました。

震災後3度目となる2013年7月の訪問時に、仙台で初めてとなるコミュニティボールを使った授業が行われました。仙台市教育委員会からの要請で、仙台市の被災地を案内する役割を担っていた私たちも一緒にその授業を見せてもらいました。これが、私たちが初めてp4cを目にした瞬間でした。

今まで見たことのない取組でしたが、子どもたちが楽しそうに参加している姿が新鮮でした。「これって、よくわからないけど、何か可能性があるかもしれない。」という思いが生まれました。そこで、学生時代にハワイ大学に留学してp4cを学び、帰国してから日本でp4cを広めていた豊田光世先生(当時兵庫県立大学講師)に説明していただく機会を設けました。そこに集まったメンバーは仙台市内の小中学校の校長たちが主でしたが、後に仙台市・宮城県に広がる活動の草分け的存在となっ

活動の進め方を何度も相談しました

ていったのです。

参加したある中学校の校長は「これがうまくいけば生徒指導の問題はなくなる。」と言っていました。また、ある小学校の校長は「うちの学校課題は自己表現力の向上だが、p4cが一人一人の価値観や考え方の違いを超えたコミュニティづくりに効果があることを知った。これは使えると思った。」と話してくれました。

こうして、仙台市内の小中学校で、p4cの取組が始まっていったのです。この年は、仙台市内3小学校、1中学校で実践されました。(仙

台市立若林小学校，茂庭台小学校，西中田小学校，八木山中学校）

　その後，メンバーたちは定期的に集まるようになり，研修の場も設けるようになりました。この集まりを「p4c せんだい」と名付け，仲間として共に活動を続けていきました。（図１）

　私たちに p4c を伝えてくれた豊田光世先生にも，たびたび仙台に来ていただき，様々なことを教えていただきました。こうした仙台での取組を評価してくださった財団から，活動面・資金面での援助をいただき，「p4c せんだいプロジェクト」として活動が広がっていきました。

　ここには，学校現場の教師，大学の研究者，民間企業の経営者など，多様な立場の方々が参画していました。

　翌 2014 年 4 月には，こうした活動の拠点として，宮城教育大学教育復興支援センター（当時）内に，財団の支援によって上廣倫理哲学教育研究室が新設され，p4c に取り組む学校や教師の支援を始めました。仙台市内では，前年度から取り組み始めていた若林小学校・茂庭台小学校・西中田小学校・八木山中学校に加え，八本松小学校・加茂小学校が，そして，白石市内では，白石第一小学校・白石第二小学校・福岡小学校で実践授業に取り組み始めました。また，仙台市の民間テニスクラブでは職員向けの実践も行われました。普及のための活動も広がりました。仙台城南高校・仙台大志高校での説明会，白石市教育委員会への p4c の紹介，白石市内の教職員対象の研修会，仙台第一中学校での教員研修会を行いました。

　この年は，普及に向けて様々な発表も行いました。

　「全国教育大学研究協議会での実践研究発表」・「仙台市教育課題発表会における実践発表（4 校・5 実践発表）」などです。

　宮城教育大学の本務教員による実践も始まりました。教育学の田端教授による「教育の原理」「教育学実践研究」「教育の方法・技術」で取り上げられました。哲学の川﨑教授による「哲学演習」「人間と思想」「哲学講義」でも取り上げられています。以後，両教授による取組は，現在も継続されています。

　平成 27 年度には，さらに活動が広がりました。仙台市内では，第一中学校・高森中学校・袋原中学校・芦口小学校・将監西小学校・仙台大志高校で新たに実践されました。白石市では，白石中学校・白石第一小学校・福岡小学校でも実践されました。

　普及活動としては，仙台市や白石市の小中学校に加え，南三陸町・大河原町，さらに北部教育事務所・東部教育事務所登米地域事務所・東部教育事務所・南三陸教育事務所を訪問し p4c の説明を行いました。

　また，石巻専修大学，仙台大学，仙台市ＰＴＡ協議会などへも出向きました。

　他には，p4c せんだい研修会・p4c しろいし研修会が定期的に行われるようになり，実践者の情報交流

「p4c せんだい」推進プロジェクト（案）

国立大学法人　宮城教育大学
教育復興支援センター　野澤　令照

1　趣旨
・東日本大震災からの教育復興に効果が期待される p4c（子どもの哲学）プログラムを推進するためにカリキュラムづくりや実践方法等についての研究を行う。
・仙台市教育委員会の協力を得て研究協力校を選定し，実践研究の成果を広く発表するとともに，p4c に取り組む　学校・園の拡大を目指す。
・教育再生会議の提言を受け，今後重要視される社会全体で取り組む人間性に深く迫る倫理　教育の実現を目指す実践の一つとして全国に先駆けた開発研究を行う。
2　組織について
　＜主管＞　国立大学法人　宮城教育大学　教育復興支援センター
　＜協力＞　仙台市教育委員会・橙企業株式会社
　＜支援＞　上廣倫理財団
　＜構成員＞
　・野澤令照（宮城教育大学　教育復興支援センター副センター長）　＜代表＞
　・豊田光世（兵庫県立大学　人間環境学部人間環境部門）　＜推進アドバイザー＞
　・横田悦子（橙企業取締役社長・いい朝みやぎ実行委員）　＜事務局長＞
　・堀越清治（仙台市小学校長会長）・庄子　修（仙台市中学校長会長）＜副代表＞
　・田端健人（宮城教育大学　准教授）・川崎惣一（宮城教育大学　准教授）
　・猪股亮文（仙台市立茂庭台小学校長）・堤　祐子（仙台市立西中田小学校長）
　・近澤裕子（仙台市立加茂小学校長）・高橋隆子（仙台市立八本松小学校長）
　・鶴谷研（仙台市立若林小学校長）・佐々木孝行（仙台市立八木山中学校長）
3　今後の計画について
　・研修　・実践　・研究　・広報
　・仙台市教育課題研究会での実践発表　・宮教大教育学関連授業での取り上げ
　・復興をテーマとした p4c の実践　・教科学習用 p4c の開発
　・教科学習用 p4c の学力へ向上への効果（検証）

35

の場として，また互いに切磋琢磨する場として定着していきました。前年度に引き続き，全国教育大学研究協議会・埼玉大会で実践研究発表も行いました。

　仙台市や白石市を中心として，宮城県内で広がる活動を広く周知する目的で，「第1回 p4c 国際フォーラム in 仙台」を開催したのは 10 月でした。文部科学省教育課程企画室長の大杉住子様の基調講演，ステージ上での中学生たちによる p4c セッション，事例報告やパネルディスカッションなど盛りだくさんの内容でした。200 名に及ぶ参加者があり，大いに盛り上がりました。

　宮城教育大学においても，講義や演習等で取り入れられるようになりました。教職大学院における実践，「人間と思想」「教育の原理」等でも実践が行われました。

　こうした広がりの中で，一部の教師たちから，「カリキュラムに位置づけられていない哲学をなぜやる必要があるの。どの時間でやれると言うの。」という声が聞こえてくるようになりました。
　そこで私たちは，教育現場の理解を得やすいように，哲学ということばを使わずに「探究の対話 (p4c)」という表現に統一するようにしました。(40 ページ，第 2 章③『教育からのアプローチ』参照)

　平成 28 年度には，徐々に活動が認知されるようになり，県内各地からの説明要請が増えるようになってきました。仙台市内では，茂庭台中，南光台東中，山田中，松陵中，大沢中，荒町小，高砂小で「探究の対話 (p4c)」研修会や説明会を行いました。白石市では，大鷹沢小，白石市小中学校教員研修会，山元町では山元町教委へ説明に伺い，山下中，山下第二小を訪問して研修を行いました。大河原町では教職員「探究の対話 (p4c)」研修会，気仙沼市では気仙沼市教育研究会での研修会，石巻市では釜小学校，女川町では女川中学校，塩竈市では浦戸小中学校，美里町では小牛田中で実践と説明を行いました。

　一方，宮城県教育委員会との太い絆をもとに，県内各教育事務所や市町教育委員会を訪問して，理解を求めました。訪問したところは，仙台教育事務所・大河原教育事務所・北部教育事務所・東部教育事務所・南三陸教育事務所・登米地域事務所・栗原地域事務所・東松島市教育委員会などでした。

　その他の取組として，宮城教育大学教員免許状更新講習A（必修・対話），宮城教育大学 p4c 集中講義「教育の内容・方法」，新入生合宿研修 p4c 実践（国立磐梯青年交流の家）がありました。ジュニアリーダーたちとのセッションなど，様々なことに挑戦してきました。大学の新入生合宿研修で p4c を取り入れたことは画期的なことで，新入生 370 名全員が p4c を経験するという意味で，重要な取組になりました。また，探究の対話と野外活動を融合させることで，新たな教育的な可能性が見いだせるのではないかと試行的に取り組んだのが，12 月の泉岳キャンプ，3 月の花山キャンプでした。新たな挑戦の一歩でした。

　また，前年度に引き続き「第 2 回探究の対話（p4c）フォーラム in 仙台〜子どもの問いによる探究の対話」を開催しました。私たちの活動を多くの方々に理解していただく良い機会になりました。基調講演には国立教育政策研究所の総括研究官でいらっしゃる西野真由美先生にお出でいただき，白石市や仙台市の事例発表，さらにパネルディスカッションを行い，参加者からも好評を得ました。

宮城教育大学の新入生全員参加で行った p4c

2017年4月，財団の支援拡大を得て，宮城教育大学に寄附講座が新設され，上廣倫理教育アカデミーが開設されました。人員体制も充実し，特任教授3名(含所長)，教育支援コーディネーター2名，事務職員1名の6名で活動を始めました。

　県内への周知も功を奏し，研修会への派遣依頼も前年度以上に多くなってきています。現段階の状況（2017年8月31日現在）ですが，授業や研修会へ出向いたところは仙台市内では高砂小学校，松陵中学校，八木山小学校，大沢中学校があります。石巻市では釜小学校，大崎市では古川第一小学校，鹿島台中学校，涌谷町では涌谷中学校，気仙沼市では階上中学校，松島町では松島第五小学校で実践を行いました。

　また，白石市では中学校教員研修会で，山元町では教職員研修会で「探究の対話(p4c)」についての説明とワークショップを行いました。

　今年度の特徴的な取組として，これまで仙台市で開催していた実践者のための自主的な研修会を白石市でも開催するようになったことがあります。「探究の対話(p4c)」に取り組む教員のコミュニティとして，とても重要なものであり，今後ますます充実していくものと思います。

上廣倫理教育アカデミーのメンバー

　こうした状況の中で，課題として見えてきたのが，「探究の対話(p4c)」に取り組み始めた教師がなかなか思うように展開ができず，悩んでしまうケースが増えているということでした。この活動は従来の授業とは根本的な違いがあり，教師の予想を超えた子どもたちの反応が当たり前のように生まれてきます。その時，どんな対応をしたらいいのか，どう関わればいいのか，分からなくなり，やがて活動から遠ざかるという状況も報告されるようになりました。

　子どもたちが楽しみながら自分の考えを深めていける絶好の機会を奪ってしまうことになります。何とももったいない話です。

　私たちは，実践する教員同士のコミュニティをさらに充実させ，共に歩み続けられる環境をつくっていかなければなりません。

　それが，私たちの目指す最も大切な取組だと考えています。

上廣倫理教育アカデミーパンフレット

（野澤　令照）

## 組織で取り組んだ強み

　私たちは，自らの活動を「探究の対話（p4c）みやぎ」と呼んでいます。p4cは，子どものための哲学（philosophy for children）ですから，哲学であることは間違いありませんが，私たちはあえて哲学を強調しないことにしてきました。対話を通して物事を深く考えることは，やがて哲学そのものにつながりますが，最初からそれを強調することは学校現場への普及を難しくしてしまうからです。すべての子どもたちがコミュニティの中に居場所を見つけること，互いを信頼し合い，尊重し合う中で，対話を通じて探究することを大事にしてきました。

　p4cは，世界中で様々な取組がなされています。日本でも，各地で実践の報告がなされています。私たちは，ハワイ大学のトーマス・ジャクソン教授が開発された「p4cハワイ」を原型として，主に公立学校の中で実践していますが，これも前述したとおりです。

　前項でも述べましたように，「p4cハワイ」を日本に伝えてくれたのは豊田光世先生でしたが，仙台・宮城に伝えていただく以前から7年間ほど日本各地で伝承していらっしゃいました。その間，興味をもたれた先生が自分の学級で実践したり，校長先生が自分の学校でも実践したいと考え先生方に紹介したり，少しずつ広がりを見せていたというお話でした。こうした熱心な先生方や学校が生まれたとしても，周りからの理解が得られず，なかなか定着しない状況が続いていたようです。

　そんな中で，仙台，宮城での取組は，わずかな期間にもかかわらず，どんどん実践する学校が増え，実践する先生方も増えていきました。「7年かかってもできなかったことが，仙台・宮城ではあっという間にできてしまった。信じられない。正に，奇跡です。」と豊田先生が繰り返しお話ししてくれましたが，私たちにはあまり実感がありませんでした。

　なぜ，仙台・宮城の地で短期間に普及し，今も発展し続けているのだろうと考えてみました。そこで浮かび上がってきたのが，次の三つのことでした。

　一つには，スタートの時点から，仲間と共に活動を展開してきたことで，実践者を孤立させることなく，チームとして取り組むことができたことです。しかも，発足当初のメンバーには，学校の校長，大学の研究者，民間の理解者など，多彩な顔ぶれが揃っていたことも，他の地域にはなかったことでしょう。（35ページ参照）さらに，一部のメンバーが，宮城県教育委員会，仙台市教育委員会との太いパイプを持っていたことも大いに役立ちました。多くの学校現場では，新たな取組には慎重になる傾向がありますが，教育委員会が理解してくれていることで，校長や教員は安心して実践に取り組むことができました。

　二つには，創設時のメンバーだけでなく，実践に取り組むメンバーが集まり，定期的に研修を行ったり，情報交換を行ったり，常に協働して進むことを心がけてきたからだと思います。多忙な毎日にも関わらず，勤務が終わった夜に集まり，いろいろと語り合いました。後に宮城県内随一の広がりを見せる白石市のメンバーは，遠路仙台市まで駆けつけてくれました。その教育にかける熱い情熱には頭が下がりました。

　三つには，活動の理念を明確にしながら取り組んだことが挙げられると思います。私たちの活動は，「p4cハワイ」の精神性を基盤として，学習指導要領などをもとに日本の公教育が育んできた教育文化に立脚して，現在の環境下で活動することを第一としています。従来の学校教育の中でコミュニティづくりの基盤となるものとして，「intellectual safety（知的安全性）」と呼ばれる考え方があります。これは，学校あるいは学級の中で，誰でも安心して場を共有し，話すことができる

環境をつくっていく学級づくりから始めていくもので，教育の基盤となるものと考えています。

　前項でも述べたように，私たちの最初の組織は「p4c せんだい」でした。そこから，白石市のメンバーたちで作った「p4c しろいし」が生まれました。共に協力し合いながら活動を進めていましたが，宮城県内の他の市町村でも活動が広がり始めたことから，「p4c みやぎ」として活動を進めることになりました。そして，自分たちの立ち位置を明確にするために「探究の対話（p4c）みやぎ」として活動を続けています。

　組織としては，「探究の対話（p4c）」に関心を持ち，実践や研究，普及に取り組む人たちの集まりであり，主体的に活動を進めるという特徴を持っています。それは，「p4c せんだい」として活動を始めたときから変わっていません。

　事務局は，活動を始めるきっかけをつくった関係で，国立大学法人宮城教育大学内（以下，宮教大）に置いています。発足当時（2013 年 8 月）宮教大には，東日本大震災からの教育復興を使命とする教育復興支援センターがあり，そこに事務局機能を持たせました。その時，私たちの活動を高く評価してくれたのが公益財団法人上廣倫理財団でした。実は，ハワイで独自に活動していたジャクソン教授を見いだし，ハワイにおける p4c 活動の拠点として「ハワイ大学上廣アカデミー」設立の支援をしたのが，この財団でした。

　そうした関係もあり，翌 2014 年には，教育復興支援センター内に「上廣倫理・哲学教育研究室」設置のための支援をしてくれました。2017 年 4 月には，さらに支援を拡大していただき，ハワイ大学の「上廣哲学倫理教育アカデミー」と姉妹施設になる「上廣倫理教育アカデミー」の設立が実現しました。さらに，毎年，日米教員交流事業として，ハワイと宮城を中心に，p4c に取り組む教員の相互派遣を実施してくれています。

　私たちが拠り所としている「p4c ハワイ」を見いだし，さらには「探究の対話（p4c）みやぎ」を支援してくださっている上廣倫理財団の存在は，とても大きなものになっています。


　「探究の対話（p4c）みやぎ」の目的は，下記の通りですが，私たちがこだわってきたことがあります。それは，p4c の実践校を訪問したい，取材したいという依頼があった場合などには，それぞれの学校が対応するのではなく，組織として対応してきました。それは，各学校や教師が十分経験を重ね，力を蓄えてからでないと，表面的な理解しか得られずに，実践の真の価値を伝えることが難しいと考えたからです。全国には，p4c の授業を披露した教師が参観者からの心無い言葉に傷つき，それ以後実践が途絶えてしまったという事例があると聞いています。

　発足した当時から組織として取り組んできた姿勢は，これからも守り続けていこうと考えています。

---

「探究の対話（p4c）みやぎ」

　学校教育において，私たち「探究の対話（p4c）みやぎ」が取り組む目的は次の通りです。
　　1 被災した宮城の子供たちの「生き方教育」を推進するため
　　2 学校教育目標の具現化のため
　　3 地域・学校・学級の課題解決を図るため
　　4 教員同士の学びのコミュニティをつくるため

　これらの目的の下，2013 年 8 月から取り組んできましたが，今後は，これらの目的を達成するために，さらなる研究と実践を推進して参ります。そして，実践を通して明らかになった成果を，全国に向けて発信して参ります。

---

（野澤 令照）

# 「教育」からのアプローチ

　「p4c」は，哲学者であるマシュー・リップマン（Matthew Lipman, 1922-2010）が，学校教育における「考える力の育成」のために開発した教育だと言われています。（参照：第2章—①）「哲学」を生かして考える力を育むことを目指しましたが，「哲学」から入ることが小学生や中学生には難解すぎるというイメージがつきまとい，抵抗する人々も多くおりました。

　しかし，いつの時代も，考えることの大事さ，探究することの大切さに変わりはありません。人間が生きていく上で，無くてはならないものです。特に，現代のように社会の激しい変革の波が押し寄せてくる中では，次代を担う子どもたちにこそ身につけさせなくてはならない資質と言えます。

　国際社会においても，国内においても，1980年代のような右肩上がりの経済成長が望めない時代にあって，人々は如何に生きていくべきかを真剣に考えることを強く求められるようになっています。我が国においても，哲学への関心の高まりは大きく，子どもの哲学についても全国各地で実践が報告されるなど，徐々に広がりを見せています。哲学の研究者も，哲学教育の普及・発展を目指して，様々な取組を行っています。マスコミに取り上げられることも年々多くなっています。

　私たちは，「p4c」が教育の基盤となるものだと考えて，実践を重ねておりますが，その際に注意すべきこととして仲間と共有していることがあります。それは，日本の学校教育に根付かせるためには，ごく一般の公立学校で取り組めるものでなくてはならないということです。

　私立学校などであれば，独自のカリキュラム編成を行い，学校の特色を全面に打ち出すことができます。現に，哲学科という教科を新設し，それを自校の目玉として打ち出している学校もあります。しかし，それでは，一般の公立学校では導入できません。

　私たちは，各教科領域の指導時間によってほとんど余裕のない公立学校のカリキュラムの中で，考える力を育む「p4c」をどうすれば組み入れられるかを考えてきました。各教科や領域の指導の中に，どのような形で「p4c」の理念を生かしていくか，授業を通した試行錯誤を繰り返してきました。第3章には，いくつかの実践事例を紹介しておりますので，是非，ご覧ください。

　今，最も実践が進んでいるのは，「特別の教科」となる道徳の授業についてです。「考え議論する道徳」という目指す姿に，「p4c」は最も近い取組だと考えています。その時間のテーマは決まっていたとしても，実際に考えるための問いは，児童生徒自らが考えるところが従来の授業の展開とは大きく異なるところです。自分たちが考えた問いをもとに話し合う活動は，子どもたちを強く惹き付けます。互いに尊重し合い，相手の意見や考えを大切にする場には，コミュニティとしてのセーフティが構築されています。

　このように，学校現場に取り入れるためには，学校現場の実情を十分に把握し，新たな時間を導入するのではなく，既存の教科・領域の学習の中にちりばめることを意識していく必要があります。

　私たちは，学校現場に精通したメンバーと哲学や教育学の研究者とが協力して取り組むことを活動の当初から行って来ました。それがなければ，日本の公教育の場に取り入れることは難しいと思います。

　私たちが仲間と共有していることがもう一つあります。それは，教科・領域の中にちりばめることを優先していく中で，p4cの基本の部分を見失わないようにしようということです。
第1章でも紹介していますが，p4cの基本は「WONDER（不思議に思うこと）」を大切にすることです。答えのない問いをみんなで考えるという取組を常に意識していくことが必要です。それが

あって初めて教科や領域での活動に有効に生かすことができるようになるのです。

　私たち p4c みやぎの活動は，哲学教育ではなく，哲学対話の要素（p4c）を生かし，子どもたちのセーフティを確立することと考えています。セーフティは，学級づくりとも言えますが，子どもたちが安心して学び，過ごせる場の構築を目指し，学級・授業をより良くするための教師と児童生徒の実践だと捉えています。その結果，子どもたちが，主体的な姿勢で学ぶことができるようになり，よく考え，よく話を聞き，話すことができるようになります。そして，教師も，こうした子どもたちの変容を通して，従来の殻を破り，さらに大きく成長する機会を与えられるのです。

（野澤 令照）

## コラム①
## コミュニティボールの魅力

　探究の対話（p4c）では，毛糸でつくったボール「コミュニティボール」を使います。このボールを持っている人だけが話ができ，他の人はだまって話を聞くという約束で対話が進んでいきます。

　約束を守るなら，コミュニティボールでなくてもいいんじゃないか，ぬいぐるみだって，リングのようなものだって同じじゃないかという声も出てきます。確かに見た目は似ているのですが，私たちの結論は「コミュニティボール」が最適だということです。

　それは，ボールをつくる過程にあります。対話を行う人たちが円座になり，順番に筒に毛糸を巻き，太くしていきます。そして，それをバンドで止めて毛糸のボールとして完成させます。つまり，全てのメンバーの共同作業でできあがったコミュニティボールだからこそ，愛着も生まれ，大切にしようという気持ちにもなります。互いを認め合い，信頼し合える場を生み出す活動だからこそ，みんなの気持ちが込められたコミュニティボールが必要なのです。

　さらに，毛糸の手触りが話そうとする人の気持ちを和らげますし，聞く人の視線がボールに集まるので，話が苦手な子どもたちでも話しやすい雰囲気になります。たかが毛糸のボールですが，されど毛糸のボールという思いです。

### 【つくり方】

❶ 用意するものは毛糸，筒，結束バンド，はさみです。

❷ 筒に毛糸を巻き始めます。

❸ どんどん巻いていきます。

❹ 筒の中に結束バンドをいれます。

❺ 筒だけを抜き取ります。

❻ 結束バンドをきつく結びます。

❼ このような状態になります。

❽ 毛糸の束をはさみで切ります。

❾ どんどん切っていきます。

❿ 輪の部分は，どんどん切ります。

⓫ 結束バンドの端を切り落とします。

⓬ これで完成です。

# 「しろいし」での取組

前白石市立白石第二小学校長　半沢　芳典

## (1) 「探究の対話（p4c）」との出会い

　2014年秋，白石市校長会定例会の席上，白石市の武田教育長から「『探究の対話（p4c）』というものを宮城教育大学の先生方から紹介を受けた。資料もいただいたので，興味のある学校は，近いうちに仙台で研修会があるから行ってみると良い。」という話がありました。

　当時の記憶によると，その話は唐突で，校長たちは探究の対話（p4c）のことは何も分からず正にちんぷんかんぷんの状態でした。

　その当時，私は白石第二小学校に勤務し，2年目の秋を過ごしていました。白石第二小学校は，白石市の中心部に位置しており，学区の大部分が住宅地で，文化施設や大型店舗も多く，新しい住宅の建設も目立つ学区です。市内の小・中学校は，少子化の中で児童・生徒数が減少しています。そんな中，白石第二小学校は，当時，児童数がわ

ずかですが増加する傾向にありました。当時は，650名の児童が在籍し，白石市内で最も児童数が多い学校でした。

　保護者の多くは共働きであり，学校に対しても様々な期待や要望が出されます。白石市では珍しく，保護者は他地域からの転入が多いのも特徴の一つです。

　現在，学校教育には様々な課題が突きつけられています。当時の白石第二小学校においても例外ではなく，特に不登校の問題や学力の問題は軽視できない喫緊の課題でした。

　私なりにこの状況を分析すると，それらの課題に共通する要因の一つに，「学級が，子どもたちの『居場所』になり得ていないのではないか」と考えるようになりました。

　そんな折，白石市の教育長から紹介を受けるとほぼ同時に，宮城教育大学の先生方からも「探究の対話（p4c）」の説明を受けました。私は，特に「セーフティ」という概念に大きく心を揺り動かされました。

　その後，当時の職員とも相談し，まず，仙台市内ですでに「探究の対話（p4c）」を実践していた仙台市立八木山中学校や仙台市立若林小学校に職員を派遣し，「探究の対話（p4c）」の指導の実際を参観させました。研修から戻った職員から，異口同音に「本校の課題解決のために，探究の対話（p4c）は有効だ」との報告を受けました。

　その後，2015年1月には，宮城教育大学の先生方を講師としてお迎えし，市内の小・中学校にも呼びかけ，「探究の対話（p4c）」の研修会を実施しました。同時期に，1年，5年，6年の各1学級で「探究の対話（p4c）」を取り入れた授業実践を開始しました。市内では，同時期に白石第一小学校，福岡小学校でも「探究の対話（p4c）」を取り入れた実践をスタートさせました。

　年度末には，全職員で「探究の対話（p4c）」を取り入れた学年・学級で一定の効果（不登校児

童の減少，学力の向上等）を確認しました。また，「探究の対話（p4c）」を先行的に取り入れてきた5年生にアンケートを行ったところ，「p4cは楽しい」「p4cはどちらかというと楽しい」と答える児童が85％おりました。また，「発言をばかにされない，けなされない」と答える児童が97％，「発言を遮られない」と答えた児童が97％と，セーフティに関する肯定的な回答が多いのが分かりました。

導入当時の実践（5年生）

　このような実態を踏まえ，白石第二小学校では，2015年度は，全ての学級で「探究の対話（p4c）」を取り入れた授業実践を行うことにしました。春休み中に全教員を対象として「探究の対話（p4c）」の研修会を実施し，4月10日には，全学級で学級ごとにコミュニティボール作りを行いました。4月13日には「学級開き」をかねて全学級で「p4cによる対話の時間」を設定し，実践しました。その後も，校内で行う実践授業を市内小・中学校教員にも積極的に公開し，「探究の対話（p4c）」の理解を得ようと努力しました。

　9月には職員の発案で，より「探究の対話（p4c）」を職員・児童が意識することを促すために，毎月24日を「p4cの日」と定めました。同時期に，「探究の対話（p4c）」を実践的に研究していこうという市内教員有志による「p4cしろいし」（現在は，「p4cみやぎ」として活動している）が立ち上がり，月1回のペースで研修会がスタートしたのも白石市内に「探究の対話（p4c）」が普及することに大きく貢献したと考えています。

## (2) 白石市の施策と探究の対話（p4c）

　ある民間のシンクタンクによれば，白石市の人口は急速に減少し，2010年3.7万人だった人口が2040年に2.3万人，2060年には1.7万人になると予測しています。また，2016年に実施した市民アンケートの結果によれば，白石市に居住していることへの「満足度」はそれほど高くありません。学校も含めた「子どもの教育環境」に「満足」「まあ満足」と答えた市民は，20％に満たない状況です。また，「白石に住み続けたいか」との質問に，「ずっと住み続けたい」「当分は住み続けたい」と答えた市民は，60歳以上では90％ですが，年代が下がるとその割合は下がり，20歳代では40％になります。

　このような状況を踏まえ，白石市では様々な施策を行っています。その中で，子育て支援策の充実や学校教育環境の整備を掲げ，実施しています。

白川小でのデリバリー研修会

　言うまでもなく，学校の大きな使命の一つとして，子どもに学力や体力をつけること，そして豊かな心を育成することが挙げられます。白石市教育委員会は，市の施策を十分に踏まえ，また，2015年度までの市内において探究の対話（p4c）を先行的に教育活動に取り入れてきた学校の成果等を踏まえ，2016年度から子どもたちに様々な力を今まで以上に培うため，市内全ての小・中学校（小学校10校，中学校6校）に「探究の対話（p4c）」を導入することを決め，白石市の教育の重点施策の一つとして明文化しました。

43

## （3） 現在の取組

2016年4月から白石市内の全ての小・中学校で「探究の対話（p4c）」の取組がスタートしました。市教育委員会の基本スタンスは、「上意下達」で各学校に「探究の対話（p4c）」の実践を強要しないということです。それは、小学校、中学校の9年間で「探究の対話（p4c）」を継続的に実践し、子どもたちに力を付けたいと考えるからです。市内の教員に「探究の対話（p4c）」を強制しても真の意味で、子どもたちに力を付けることはできないと思うからです。市内の学校で地道に実践を進め、市内の教員たちが「探究の対話（p4c）」の良さを感じたとき、初めて、「探究の対話（p4c）」の効果が出てくると考えています。できる学校から、できるところから進めていくことを基本としています。必ずや、いつか大きな実を結ぶと信じています。

子どもたちも変わりますが、毎年、少なからず教職員の異動があります。特に、校長や教頭は約三分の一が毎年、異動になります。これは公立学校の宿命と言えます。白石市教育委員会は市校長会と連携・協力し、

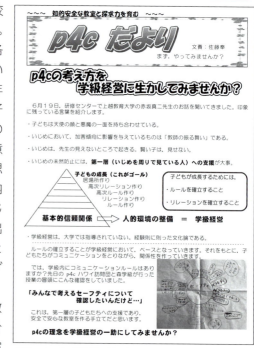

白石一小 p4c だより No.1

2016年度は、全市で「探究の対話（p4c）」を実施することから、市内全教員を対象として、年度当初に「探究の対話（p4c）」の初心者向け研修会を実施しました。その際、各学校の実状を勘案して同じ内容の研修会を、実施日、会場を変えて3回実施しました。講師は、これまで先進的に「探究の対話（p4c）」を実践してきた市内の教員が担当しました。この研修とは別に2016年以前から教育活動に「探究の対話（p4c）」を取り入れてきた学校では、春休みに全教員で「探究の対話（p4c）」の研修会を行い、「学級開き」にコミュニティボール作りを行ったという話も聞きます。各校での取組は、定期的に開催される「p4cみやぎ」の例会で発表されています。

また、年度途中から市内各校の取組に差が見られたことから、年度途中からではありましたが、市校長会の発案で、先進的に「探究の対話（p4c）」に取り組んできた教員を講師とする「デリバリー研修会」を行うことにしました。講師が各校のニーズに基づき、各校に出向き、実態に応じた研修会を行うものです。2017年1月からのスタートでしたが、5回ほど各校で研修会が開催されました。各校の教員からの評判は良好でした。

2017年度は、年度当初の研修会は、新しく白石市内の小・中学校に異動してきた教員と新規採用教員を対象として、小・中学校別に開催しました。初心者を対象としているため、「探究の対話（p4c）」の基礎・基本の内容としました。コミュニティボール作り体験もあわせて行いました。また、市教育委員会及び市校長会の方針として、市内全ての学校に校務分掌の一つとして、「探究の対話（p4c）推進委員」（市内の一部の学校では2016年度から設置していた）を設置しました。市内を3ブロックに分け、定期的にブロックごとの情報交換及び研修、そして、市内担当者が全員出席する全体研修を行っています。また、定期的に「探究の対話（p4c）だより」を発行し、市内各校の動きを市全体で共有していくための取組も始まっています。

市内全体で「探究の対話（p4c）」を始めて2年目。実績を重ねてきたからこそ、新たな課題も

見えてきています。下記に示したのは，白石市において中学校教員を対象に「探究の対話（p4c）」研修を行うにあたって，事前に調査したアンケート結果（2017年6月実施）です。

小学校では，一定の広がりや深まりが導入初年度でも見られたものの，中学校での広まりに課題があることは事前に予想できていました。結果によれば，一度でも「探究の対話（p4c）」を行ったことのある中学校の教員は，30％にとどまりました。また，これまで授業等に「探究の対話（p4c）」を取り入れたことのある教員でも，「1回」と回答した教員が30％，「2回～5回」と回答した教員が65％と市内中学校に「探究の対話（p4c）」が定着しているとはいえない状況が分かりました。

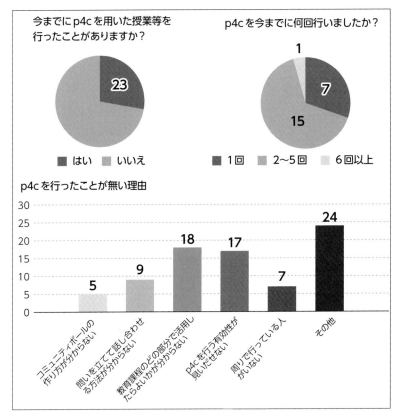

また，「探究の対話（p4c）」を日々の教育活動に取り入れない理由として，多く挙げられているのは，「教育課程のどの部分で活用したらよいか分からない」23％，「有効性が見いだせない」21％となっています。市内中学校では，まだ「探究の対話（p4c）」のことをよく知らない教員も多く，探究の対話（p4c）の基本的な研修とともに，「探究の対話（p4c）」の有効性を教育実践に基づいて紹介する活動などを，焦らずに行っていきたいと考えています。

一方，これまで授業等に「探究の対話（p4c）」を取り入れてきた教員は，「セーフティの効果」，「思考力の向上」，「聞く力の向上」など，「探究の対話（p4c）」の良さを実感しつつあります。しかし，これから実践を進める上で，「難しさを感じている点」として，「セーフティの確保」，「ファシリテーターとしての力量形成」，「問いの質的向上」，「教育課程への位置づけ」などを挙げています。実践に前向きに取り組んでいるがゆえの課題でもあり，それらの声にも十分に応えていける取組も行っていきたいと考えています。あわせて，管理職，とりわけ校長を対象とした研修会を市校長会とタイアップして実施していきたいと考えています。

これからも様々な方からご指導をいただきながら白石市の子どもたちのために，地に足を付けた取組を行っていく予定です。

# 5 子どもの視点から捉えた p4c ～アンケートづくりを通して～

仙台市立八本松小学校教諭　高橋　佳子

## (1) 子どもたちの変容を何で測るのか

　2年前，当時の p4c せんだいでは，p4c に取り組んでいる仙台市内の小学校や中学校の教師が集まり学んでいました。その中で児童生徒からアンケートをとってはどうかという提案がありました。いくつかのプランが提示されましたが，しっくりきませんでした。「p4c は好きですか？」といった表現では，p4c についてどのように感じているのかを知ることは難しいと感じていました。子どもたちの内面に，もっと深く迫ってみたいと思っていたからです。

　p4c に取り組み始めて2年半，子どもたちは p4c を通して自分の身に起こっている変容を，自分自身で気づくところまで成長していました。豊田光世先生が初めて p4c を教えてくださったクラスです。スタートした当初3年生だった子どもたちは5年生になっていました。

　初めて p4c の話を聞いた時，ハワイのカイルア高校での実践に心惹かれました。警察が入るほどの暴力事件などで荒れ，問題を抱える生徒たちが p4c によって落ち着いていったエピソードは，当時発達障害や愛着障害の児童について研究していた者として，どこに心を癒やす力があるのかを知りたいという思いでいっぱいでした。

　ハワイの小学校では p4c に取り組んだ結果，学力が大きくアップしており，p4c を使っての実践が高く評価されていること（全米の最優秀教員選出にもつながっている経緯）を聞き，その効果を体感したい思いもありました。

## (2) p4c で子どもはどう変わったのか

　アンケートづくりのきっかけは，2年前のカルテ（p4c カルテ）をファイリングした時のエピソードにありました。

　一人の児童が3年生の時に自分が書いたカルテを見ながら，「当時は言えなかったことが何だったのか，今なら言える。」と自分自分で振り返りをして語っていた言葉でした。p4c では，子どもたちは自分が考えたことをくり返し考えています。今なら話せる自分に出会うことで，それぞれが考えることや話し合う良さを実感していました。自分の考えの変容を意識できた瞬間でした。

## (3) 数字では測れない変容を書くことで認識

　授業の最後の振り返りで聞かれる「p4c は好きですか？」という質問に対する「好き」の数字は，学年が上がるごとに確実に高くなっていました。しかし，大切なことは，なぜ好きなのかを自分の言葉で語ることができる力であると考え，そのために，振り返りカードやカルテのようなものを話し合うたびに書かせてきました。

　国語の学習で，道徳や理科，生活科や体育でも取り組みました。

豊田先生と一緒にボールづくり

　アンケートを取ろうと考えた時に，子どもたちは実際に何に良さを感じているのかをズバリ聞くスタイルでも書けるのではないかと感じていました。振り返りカードやカルテに書かれていることを見れば可能だと思いました。

そこで，アンケートでどのようなことを聞きたいのか，子どもたち自身に問いを考えさせるために p4c で話し合いました。

何を聞きたいのか，何を知りたいのかを明確にしようと考えている子どもたちがいました。

できあがったアンケートは，2 年生から 6 年生までの各クラスにお願いしました。

---

**p4c アンケート　　　　年　　　　組**

\*これまでの p4c のじゅぎょうをふりかえって，かいてください。

1　p4c のじゅぎょうで，よいとおもうのはどんなことですか。
2　p4c では，コミュニティボールをもった人だけがはなしができますが，そのルールをどうおもいますか。
3　コミュニティボールをもっていないとき，あなたはどんなことをかんがえていますか。
4　p4c をするまえと，p4c をしたあとでは，ちがうとおもうことがありますか。
5　p4c では，かんがえたことやおもったことを，ぶんしょうにかきますが，まえにかいたぶんしょうをよむと，どんなことをおもいますか。
6　あなたがいままででいちばんステキだとおもった p4c は，どんな「とい」でしたか。どうしてそうおもいましたか。
7　これから p4c でどんなことをしたいですか。

---

## (4) 考えたことが自分を変えてきた

アンケートの分析から分かったことは，

### ①コミュニティボールで守られるセーフティが大切であること。

点数で評価されないことへの安心感と重なるものを持っていたこと。分かる，分からないという範疇ではない面で話し合えることで，本音を聞けたと感じていたこと。

この点について，教科の学習では評価できない良さを子どもの中に見いだすことができたと感じる教師が多くいました。

発達障害や愛着の問題を抱える児童にとっても，活躍のチャンスがあること。

コミュニケーションに自信がなくても，待ってもらえて話せたと感じ自信が持てるようになったと感じた児童がいること。

### ②楽しさ以上に自分の思いを話せたことを良しとする児童が多かったこと。

### ③教科の学習では発言の機会の少ない児童にも，発言の機会があり，自分の考えや思いを聞いてもらえたことで，自信を取り戻す児童もいたこと。

普段の生活の中では聞けないような思いを聞いて，友情が深まることも人間関係が良くなることもあったとアンケートの中で書いていました。

自分を客観視する力は，他者理解にもつながります。考えてきたことが自分も相手も変えるきっかけになったと感じたことを書いていた児童がいました。

授業や行事の中で落ち着かずに周りに迷惑をかける友だち，またその友だちに流されてクラスの中で自分をコントロールできない児童に対して，教師に頼るのではなく，クラスや学年の問題として p4c で解決しようと子どもたちが相談して動いた事例がありました

個人攻撃にならずに考えてもらえるのではないか，みんなで p4c を通して考えようと，呼びかけて始めようとしたのです。今までにはないことでした。子どもたち自身も自分たちだけでやってみたいと考えていたのです。

ハワイでは，p4c を体験した子どもたちの中からフィロサーファーと呼ばれるファシリテーターが誕生しています。力をつけていけば，子どもたちだけでも進められる時代がくるということだと思います。

## (5) 人の話を聞けば聞くほど深まる考えに気づく高学年

高学年の児童のアンケートの特徴として，人の意見を聞いて自分の考えを問い直すと，また新た

な考えが生まれてくると感じる，と書いている児童が増えてきます。
　中学年でも，低学年から p4c を続けて来た児童の中には，高学年にも劣らず自分の意見をしっかりともって書いている児童がいました。低学年で始めることがとても大切であると感じました。
　意識することや強い思いは，行動となって自分を高めようとする意欲につながります。考え方を学ぶこと，人の意見を聞くことで，自分の問題として考える習慣が身についてくると，結果として学力に結びつくことが推察されました。

## (6) これからの課題

　最後にこれからの課題ですが，教師のファシリテーターとしての力量の問題があります。ファシリテーターが掘り下げの問いを出すことによって，さらに話合いを深めることができるからです。教師の生き方考え方と深く関わっていると感じます。
　子どもたちが考えた問いを生かしていくことで，子どもたちが自分自身の問題として考え，向き合っていきます。その過程で心が育ち，同時に子どもたち自身の手で p4c を動かしていく力が生まれます。
　ツールキットの使い方もこれからです。話合いを深めていくには，日頃から「それは，なぜかを考えること」が，これからの p4c につながることだと思います。
　私たちの p4c のスタートは，震災を経験した子どもたちの心の支援でした。p4c がもたらしてくれた恩恵は，大きな力となりました。
今年は道徳の授業で指導に取り入れています。道徳的価値，判断力が育つことを願って p4c で学んでいます。

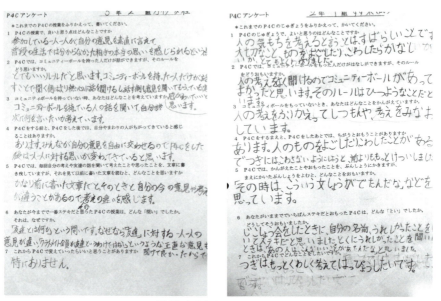

子どもたちからのアンケート

# 第3章

# 「探究の対話（p4c）」の実践から

　「探究の対話（p4c）」って，どんな活動をしているのだろうと思われる方も多いことでしょう。この章では，まず，小・中学校や大学などで取り組まれてきた具体的な実践の様子を紹介しています。また，学校以外の様々な場で取り組まている実践の姿を紹介しています。最後に，私たちの活動を広く知っていただくために開催したフォーラムなどもご紹介します。

# 実践事例の見方

　第2章では，p4cが仙台や白石，宮城で取り組まれるようになった経緯について紹介してきました。振り返ってみれば，私たちがp4cに初めて出会ったのは2013年7月ですから，それからまだ4年しか経っていません。その中で，ここまで広がりをみせたことについては，私たち自身も驚いています。

　私たちp4cみやぎの活動は，哲学教育ではなく，哲学対話の要素（p4c）を生かし，子どもたちのセーフティを確立することと考えています。セーフティは学級作りともいえますが，子どもたちが安心して学び，過ごせる場の構築を目指し，学級・授業をより良くするための教員と児童生徒の実践だと捉えています。

　そこで，学校における様々な教科・領域に取り入れることを目指して，様々な実践を重ねてきました。ここでは，小学校，中学校，専門学校，大学で取り組まれた事例を紹介し，私たちが進めている「探究の対話（p4c）」の具体的な姿をご理解いただこうと考えました。

　事例の見方ですが，小・中学校で実践されたものについては，右記のような項目に分けています。なかには，独自の項目を入れて紹介しているものもありますが，読むときの参考にしてください。

　「単元のねらい」「教材について」「主題について」では，4時間から6時間というまとまった時間で学習する内容の概要について述べています。

　「指導計画」「板書計画」「指導改善の手立て」は，内容の配分や時間の配分，黒板へのまとめなどについての計画です。

　「本時の指導の流れ」「本時の流れ」では，ある1単位時間（小学校45分，中学校50分）の指導について，説明しています。

　「振り返りの記録」では，授業を終えた子どもたちが感じたこと考えたことなどを紹介しています。

　「指導を終えて」「授業を終えて」では，授業後の指導者の思いなどを紹介しています。

> 1 単元のねらい
> 　（教材について）
> 2 指導計画
> 3 本時の指導の流れ
> 4 本時までの流れ
> 5 本時の流れ
> 6 振り返りの記録
> 7 指導を終えて

> 1 主題名
> 2 主題について
> 3 指導計画
> 4 本時の指導の流れ
> 5 本時の流れ
> 6 振り返りの記録
> 7 授業を終えて

　ここで紹介しているのは，小学校6年生の国語，小学校4年生の算数，小学校2年生の生活科，小学校5年生の家庭科，小学校6年生の保健の授業です。さらに，中学校1年生の道徳，そして専門学校・大学での授業です。

　私たちは，このように，何年生でも，そしてどんな教科・領域でも，「探究の対話（p4c）」を活用することができると考えています。今後，さらに多くの学習の場面で導入していくつもりです。

　子どもたちが安心して学べるセーフティの概念が定着すれば，全ての学習が充実していくことを実証していきたいと考えています。

　全ての学習の基盤として，「探究の対話(p4c)」が位置づけられ，どこの学校でも当たり前に取り組まれる日も，そう遠くはないと思っています。

**授業実践 1　6年｜国語**

# 「サボテンの花／生きる」

## 1 単元のねらい

自分の感じたことや考えたことが伝わるように朗読することができる

## 2 教材について

**教材名**　サボテンの花／生きる　（東京書籍）
「サボテンの花」は，やなせたかしの作品である。
「生きる」は，谷川俊太郎の作品で，『うつむく青年』からの出典である。

## 3 指導計画 （4h）

①学習のめあてと見通しを確かめ，教材文を通読し感想を書く。
②感想を基に朗読の練習をする。
③朗読の練習を通して感じたことや考えたことを交流する。…本時
④朗読を聞き合い学習のまとめをする。

## 4 本時の指導の流れ

　子どもが書いた初めの感想の中に，「生きるとは何か」についてみんなと対話してみたいという意見があった。本単元は，読み取った気持ちを朗読で表現することを学ぶ単元である。朗読することで，「作品を丁寧に読み取ること」や「自分がどう捉えたか」が大切であることに気付かせることができる。そこで，子どもが初めに感じた疑問について対話することが，読みの深まりに繋がり，さらには，聞き手に何を伝えたいかを明確にして朗読することに繋がるのではないかと考えた。
　本時は，探究の対話（p4c）をすることで子どもが出した「生きるとは何か」について互いの感想や考えを交流し，一人一人が自分の考えを深め合う時間になることを期待した。

## 5 本時までの流れ

❶学習計画を確認する中で，探究の対話（p4c）を行うことを知らせる。（1時間目）
❷本時の問い「生きるとは何か」を知らせる。（2時間目）
❸「生きるとは何か」についてワークシートに自分の考えを書く。（本時）

問いを立てた理由を説明する

51

## **6** 本時の流れ

**児童の立てた問い** 「生きるとは何か」

○問いを出した理由

　　サボテンみたいに「戦いながら生きる」，とか風が言うように「ねむるようにくらせる」とか，「生きること」についての想いを書いているのを読んで，みんなはどんな感情を持ったのか聞いてみたいと思った。

○問いを出した人はどう思ったか

　　「生きるとは」楽しむことだと思った。一生に一度の人生だから楽しまないといけないと思う。

○主な発言

> C1●感情を持つこと，人のために役に立つこと，楽しいことや悲しいことなどいろいろな経験をすること。
> C2●お腹がすいたり，のどが渇いたりすること。
> C3●動いていること。死んでいたら動かないから。
> C4●夢や目標に向かって成長すること。そうでないと生きている意味が分からないから。
> C5●切磋琢磨すること。人生の中で出会う人と技術を磨き合うこと。
> C6●生きる…考えられない。今までみんなのために生きてきたわけでもないし，ただ生きていたから，分からない。
> C7●みんなで協力し合って何かをやり遂げる。一つのことをやり遂げると達成感が湧いてうれしくなる
> C8●支え合って生きていけば何事も楽しくなる。

**教師による掘り下げの問い** 　**「サボテンは砂漠で一人で生きているが，支え合いながら生きていくこととつながるのか。」**（教師は掘り下げの問いとして「楽に生きることは悪いことか」を考えていたが，相手があるという前提で対話が進みつつあることからこの問いを変えた）

> C9●支え合うと助け合うはつながっている。自分一人では楽しくないし，楽しく，お互いが成長すれば生きていける。
> C10●何かの支えがないと生きていけないと思う。生きているというのは，食べているということだから，結局は誰かに支えられていることになる。
> C11●風はみんなでわいわい，ゆっくり。サボテンは独りぼっちではなく，水とかが支えている。
> C12●サボテンは，楽しさや自分の命よりも，他の命を助けたり，命をつないだりして生きていきたい。一人でしなくてはいけないこともある。
> C13●サボテンは，緑の野原で眠りながら暮らすより，砂漠は生きている実感を持てるのだと思う。
> C14●「生きるということ」は一人で生きるのとは違う。サボテンがいなかったら旅人は死ぬ。人の役に立ちたかったのだと思う。

# 7 振り返りの記録

## ○今日の問い 「生きるとは何か」

1 自分の考え

　「生きる」ということは，知識を身に付け，やるべきことをやり，自分で自分の歩む道を決めること。

2 探究の対話をして考えたこと

　人生は一回限りだから，生きている限り，やりたいことをやるが，サボテンのように自分の決めた道に迷いのないように生活していくことだと思います。

### まとめ

| | |
|---|---|
| 友だちの考えが分かりましたか | （◎） |
| 自分の考えを言えましたか | （◎） |
| 考えが深まりましたか | （○） |
| p4cをやってよかったですか | （◎） |

探究の対話が終わった後の振り返りを各自ワークシートに記入する

コミュニティボールは，考えを聞いてみたい人，まだ発言していない人に渡す

## ○今日の問い 「生きるとは何か」

1 自分の考え

　自分の意志を持って，夢や目標に向かって成長することだと思います。理由は，夢がないと何をすればよいかも分からず，生きているのだが楽しくないので，自分が生きている意味がなくなるのではないかと思うから。

2 探究の対話をして考えたこと

　いろいろな人の意見を聞いて，「生きる」ということは何なんだろうと自分の考えが深まり，「分からない」という答えが出ました。（自分の中で）「生きるとは何か」と問われれば，人はそれぞれ答えがバラバラになると思います。ですから，自分の中の生きる意味を持って，これから暮らしていくといいと思います。私の生きる意味は，最初と同じで，夢や目標に向かって成長することです。

### まとめ

| | |
|---|---|
| 友だちの考えが分かりましたか | （◎） |
| 自分の考えを言えましたか | （◎） |
| 考えが深まりましたか | （◎） |
| p4cをやってよかったですか | （◎） |

教師は，対話の後にみんなの考えをまとめない。各自が振り返りを書く

○今日の問い 「生きるとは何か」
1　自分の考え
　　思い出を作ること。
2　探究の対話をして考えたこと
　　人のためになることをするのが一番大切だけど，少しは自分のことを考えた方が良いと思いました。なぜなら，サボテンがかわいそうに見えたからです。サボテンも一度は緑の平野に行った方がいいと思います。

まとめ
| | |
|---|---|
| 友だちの考えが分かりましたか | （◎） |
| 自分の考えを言えましたか | （△） |
| 考えが深まりましたか | （◎） |
| p4cをやってよかったですか | （◎） |

○今日の問い 「生きるとは何か」
1　自分の考え
　　考えられない。
2　探究の対話をして考えたこと
　　心と戦うことと心を強くすること。心と戦って心がだめになったら，病気や自殺などにもつながってしまうので心が強くないと，生きることができないのではないかと思った。

まとめ
| | |
|---|---|
| 友だちの考えが分かりましたか | （○） |
| 自分の考えを言えましたか | （○） |
| 考えが深まりましたか | （○） |
| p4cをやってよかったですか | （○） |

探究の対話をしながら必要であれば各自メモを取る

## 8　指導を終えて

　「サボテンの花」は，国語の一番初めの単元です。新しいクラスということもあり，自信をもって学習に取り組める子もいますが，そうでない子も多くいます。セーフティの中で対話することを通して，互いの考えを知ろうという気持ちが強くなり，朗読の練習が互いの良さを認め合う活動になっていることを肌で感じることができました。

（砂金　みどり）

授業実践 2 ｜ 4年 ｜ 算数

# 「変わり方しらべ」

## 1 単元のねらい

・伴って変わる二つの数量について，それらの関係を表を用いて調べ，式に表して，二つの数量の関係を明らかにする能力を伸ばす。

## 2 教材について

本単元は，学習指導要領第4学年 D 数量関係「(1) 伴って変わる二つの数量の関係を表したり調べたりすることができるようにする。(2) 数量の関係を表す式について理解し，式を用いることができるようにする。ウ 数量を□，△などを用いて表し，その関係を式に表したり，□，△などに数を当てはめて調べたりすること。」にもとづいて設定されている。

子どもが持っている p4c ノート

本単元では，具体的な場面において，伴って変わる二つの数量があることに着目し，それらを表や式に表して関係を明らかにする能力を伸ばしていくことをねらいとし，「関数の考え」と「式の表現と読み」を育成していく。

関数の考えの指導にあたっては，知識・技能の定着のみならず，関数の考えを用いることのよさや有用性を実感し，進んで生活や学習に生かそうとする態度を養うことが重要である。

## 3 指導計画（6 h）

①②伴って変わる二つの数量の関係（和が一定）を表に表したり，□や○を用いて式に表したりして，その関係をとらえることができる。

③伴って変わる二つの数量の関係（差が一定）を表に表したり，□や○を用いて式に表したりして，その関係をとらえることができる。

④伴って変わる二つの数量の関係（商が一定）を表に表したり，□や○を用いて式に表したりして，その関係をとらえることができる。

⑤【本時】学習したことを活用し，生活場面の中で起こる伴って変わる二つの数量の関係を，表やグラフを用いて調べ，二つの数量関係を明らかにする。

⑥学習内容の定着を確認し，理解を確実にする。

## 4 指導改善の手立て

| 算数の視点1 | 学び合いへの意欲を高める学習問題の設定や提示の工夫 |
| --- | --- |
| 探究の対話（p4c）の視点 | 自分で問いを立てる |

日常生活の中では，関数の考え方を活用して，目的に応じて合理的に判断することが必要

55

な場面がある。本時では，遊園地の乗り物券を買う場面を想定して学習を進める。「乗り物に乗る回数」と「料金」の関係について，児童に問いを出させ，児童が主体的に学習問題を設定できるように促す。児童の反応をもとに学習問題を設定することで，問題解決への意欲を高めていく。

　問題を解決していく中で，まず，表に表してそこからきまりを見つける。次に，□と○を使った式に表し，数を代入して料金を判断する。そして，折れ線グラフに表して，特徴を読み取る。というように児童の問題意識を発展させていき，既習事項を活用しながら，数量の関係への理解を豊かにし，より深めていく。

| 算数の視点2 | 互いの考えを伝え合わせ，考えを広げたり深めたりする学び合いの工夫 |
| --- | --- |
| 探究の対話（p4c）の視点2 | セーフティを大切にし，ツールキッドをヒントにして対話を行う |

　数学的な思考力・判断力・表現力を高めるためには，ただ与えられた問題を解決するだけでなく，日常の場面から問いを見出したり，見通しを立てたり，求めた結果を根拠にするとどのようなことが言えるのかという解釈や判断をしたりすることが必要である。そこで，単元を通して，表を解釈して見つけたきまりを説明し合う活動や，式をもとに二つの数量についての関係を説明する活動を大切に指導していく。

　本時では，「ふかめる」の段階において，児童に「遊園地のスタッフになって，乗り物に乗る回数と料金の関係を説明しよう」と働きかけ，表現する活動を取り入れる。「ためす」段階で作成した表や式やグラフを根拠として，それに対する自分なりの解釈を表現させることで，算数的な活動の楽しさや数理的な処理のよさに気付かせたい。また，その際にペアでの説明や全体への説明など，発表形態を工夫することによって，全ての児童に話す機会や，聞く機会が保障されるように配慮する。児童が安心して様々な考えを出し合い，互いに学び合うことができる授業の雰囲気を大切にして指導していく。

## 5 板書計画

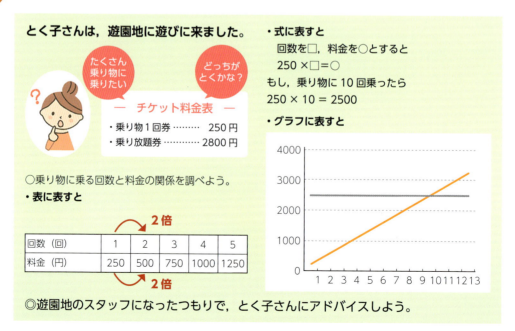

## 6 本時の流れ

| 段階 | 学習活動 | 指導上の留意点 |
|---|---|---|
| つかむ | **1. 日常生活の場面から問題を見つける。**<br><br>とく子さんは，遊園地に遊びに来ました。<br>**チケット料金表**　・乗り物1回券 ……… 250円<br>　　　　　　　　　・乗り放題券 ……… 2800円<br><br>○とく子さんと同じ場面だったら，みなさんは，どんなことが気になりますか。<br>・たくさん乗り物に乗りたい。　・どちらの券がとくだろう。<br>・乗り放題券がとくだ。　・乗り物に乗る回数によって変わる。<br><br>**乗り放題券は，いつもとくなのだろうか。** | ※遊園地の写真を電子黒板に映して提示する。<br><br>※児童の興味・関心や日常の経験を引き出しながら，児童が主体的に学習問題をとらえることができるようにする。 |
| ためす | **2. 表や式やグラフに表して考える。**<br>○今まで学習したことを生かして，自分の力で考えましょう。<br><br>・**表にまとめて考えると。**<br><table><tr><td>回数（回）</td><td>1</td><td>2</td><td>3</td><td>11</td><td>12</td></tr><tr><td>料金（円）</td><td>250</td><td>500</td><td>750</td><td>2750</td><td>3000</td></tr></table><br>・回数を□，料金を○として式に表して考えると。<br>　250 ×□＝○　　　12回乗ると　250 × 12 = 3000<br>・**グラフに表して考えましょう。**<br>・**折れ線グラフに表す。**<br>◎乗り放題券がいつもとくではない。 | ※児童の考えをもとに，既習の学習内容の定着を確認し，理解を確実にさせる。<br><br>※乗る回数が11回を超えると，乗り放題券が得になることに気づかせる。<br><br>◆1回券では，乗り物に乗る回数が増えるのに伴って，かかる料金が増えていくことを理解させる。 |
| ふかめる | **3. 表や式やグラフを解釈し，考えを表現する。**<br>○遊園地のスタッフになったつもりで，これまで分かったことをもとにして，とく子さんへアドバイスをしよう。<br>・**グラフをもとにして。乗り放題券を買うんだったら，12回以上乗り物に乗らないともったいないですよ。**<br><br>○ペアで伝え合いましょう。<br>○全体で伝え合いましょう。 | ※表や式やグラフをもとにして自分の考えを表現する言語活動を取り入れることによって，学習内容の定着を図るとともに，互いの考えのよさに気付かせる。ペア，一斉で発表。<br><br>◆「ためす」段階で作成した表や式やグラフを根拠として表現させる。 |
| ふりかえる | **4. 学習感想を書く**<br>○今日の学習で分かったことやできたことをノートに書きましょう。<br>・同じものを表や式やグラフを使って表すことができるのが面白いと思った。<br>・ほかにも二つの数量の関係が見つけられるものがないか調べてみたい。 | ※学習をふり返って言語化することで，本時のねらいが達成できたかを自己評価させる。 |

（八巻 淳）

## コラム②

# 「探究の対話（p4c）」と算数

栗原市立一追小学校教頭　八巻 淳

　「探究の対話（p4c）」の手法をそのまま算数の学習に取り入れることは難しいと思います。しかし，「探究の対話（p4c）」で培った，問いを立てる力や，対話を通して探究する力は，算数の学習にも生かされます。

　小学校の算数の学習内容は，子どもたちの身近にあるものが多いのです。1＋1が2であることを知らないで小学校に入学してくる子どもはいません。三角形や四角形という言葉も全員が知っています。授業では，それらの数や図形の仕組みについて，おはじきを数えたり定規で線を引いたりしながらより深く理解し，自分の力で問題を解決できるようになっていくのです。なんとなくは知っていたことが，明確になることや，それまでの思い込みがくるりとひっくり返るような体験をたくさんします。その点で，「探究の対話（p4c）」と算数の学習はよく似ています。

　特に，「探求の対話（p4c）」で育てたい力の一つである「論理的な思考力」は，算数の学習でねらいとする「数学的な考え方」と重なる点が多いのです。探究の対話（p4c）で，思考のキーワードとして使っているツールキットは，算数の学習における「学び合い」の場面でも非常に有効なのです。

---

**"The Good Thinker's Toolkit"**

| What do you mean? | 「どういう意味なの？」：意味を問う |
| Reason | 「なぜ？　どうして？」：理由を聞く |
| Assumption | 「前提は？」：前提を明らかにする |
| Inference | 「その考えはどこから来たの？」：推論の過程を認識する |
| True | 「それって本当？」：本当かどうかを問う |
| Example, Evidence | 「例えば，こんなことがあるよ」：事例や根拠を示す |
| Counter-example | 「でもさぁ，けどね」：反例を示す |

---

　例えば，三角形の内角の和が180度であることの学習を想定してみます。これは，いくつかの例から一般的な「きまり」をみつける帰納的な考え方の学習でもあります。三角定規の三つの角の和は180度になっています。そのことだけで，「三角形の内角の和は180度です。」と結論付けるのではなく，「True」のキーワードを使って，「本当かな？　偶然そうなんじゃないの？」と問うことで，子どもたちは，ノートにいろいろな三角形を作図し，分度器でそれぞれの角の大きさを測ります。そして「Evidence」のキーワードを使って，内角の和がいつも180度になることを「発見」します。

四角形の内角の和が360度であることは，演繹的な考え方の学習です。四角形はいつも対角線を引くことで二つの三角形に分けられるという前提「Assumption」から，四角形の内角の和は360度であることを「発見」します。

　教室の中に常に，このツールキットのカードを掲示しておくことで，算数の時間に子どもたちの思考を広げたり，深めたりするのに，大いに役立ちます。ツールキットを使えるようになることで，友だちや教師の発言を様々な角度から吟味することができるようになり，考えを深めることができるようになるのです。

　算数の学習には，不思議がいっぱいつまっています。子どもたちは，素直な好奇心をもって数や図形についての発見を楽しみます。友だちの考えを聞いて「なるほど！」と気付いたり，自分の力で考えて「分かった！」と笑顔になったりします。その姿やプロセスは，「探究の対話（p4c）」と全く同じなのです。

**授業実践3**　**2年**　生活科

# 「ちびっこフェステイバルを成功させよう」

## ❶ 単元のねらい

「昔遊び」を1年生も楽しめる活動にして，みんなで楽しもう。

## ❷ 教材について

**教材名　2年　「動く動く私のおもちゃ」「ありがとう発表会を開こう」**

　2年生が，昔遊びを中心にした活動で1年生と地域の遊びのボランティア（わらべむらさん）と楽しく遊ぶ学習を企画した。

## ❸ 指導計画　（本時 第1学年 9/12 時間 第2学年 12/13）

| 単元の目標 | 主な学習活動 | |
|---|---|---|
| 昔からあるおもちゃの遊び方を工夫することを通して，おもちゃのおもしろさを実感するとともに，みんなで遊びを楽しむ。 | 第1学年（12時間） | 第2学年（13時間） |
| | わらべむらさんから，昔の遊びを教えてもらう。（1） | わらべむらさんと一緒に遊び，どのような遊びがあったかを思い出す。（1） |
| | 教室で遊び，どんな遊び方を工夫したいかをp4cで考えを出し合い話し合う。（3） | 昔遊びの良いところや，どんなお店にしたいのかをp4cで話し合う。（1） |
| | やってみたいと思う遊びや，ルールを新たに考え，2年生に手紙で伝える。（3） | グループを作る。（遊びの数と同じ6グループ）（1） |
| | | 1年生からの手紙を参考にして，みんなで遊ぶためのルールや遊び方をp4cで話し合ったり，遊び方を考えたりする。（2）本時 |
| | | わらべむらさんにおもちゃ作りを教えてもらう。（2） |
| | 2年生と一緒に遊び，感想を発表する。（2） | おもちゃの製作と準備。（3）1年生と一緒に遊ぶ。（2） |
| | 2年生へお礼の手紙を書く。来年に向けて，やりたいことを考える。（3） | p4cで活動を振り返る。（1） |

　1年生は，初めて昔遊びを体験する。体験で終わらずに，そのよさについて考えるp4cを行い，昔遊びやおもちゃを伝承すること，さらに楽しく遊ぶためのルールの見直し，さらに進化させた昔遊びのおもちゃについて考えさせ，希望を伝える活動を中心においている。また，自分たちが2年生になったときに，どのように1年生に教えることがよいのかを考える機会にもなっていることに気づかせ，意識を高める。

　2年生も，1年生からのリクエストだけでなく，2年生自身がp4cで昔遊びのおもちゃのよさをもとに，遊び方の工夫，発展させたおもちゃ作りについて十分に話し合わせる。また，1・2年生が一緒に遊ぶ際に出すお店の準備についても，計画的に進めさせる。

　地域ボランティアのみなさんには，昔遊びについて教えていただくだけでなく，遊び方の工夫の場面や，発展させたおもちゃ作りの場面でもアドバイスをいただき，活動の中に入っていただくようにする。

　世代を超えた交流の中で，子どもたちが自分の感じたことや考えたことを，上手に伝える力をつけ，互いの立場を思いやりながら活動させたい。

## 4 本時の指導の流れ

本時は，探究の対話（p4c）をすることで子どもが出した「どうしたら1年生を楽しく遊ばせることができるのか」について，互いの意見や考えから活動について交流し，一人一人が自分の考えを深め合う時間になることを期待した。

1年生を呼んで来て聞き取り中

## 5 本時までの流れ

❶学習計画を確認する中で，探究の対話（p4c）を3回行うことを知らせる。（1時間目）
❷1回目は，「昔遊びの良さを考えながら，どんなお店にしたいのか」。
　2回目は，「どうしたら1年生を楽しく遊ばせることができるのか」。（本時の問い）
　3回目は「この活動はどんなことが良かったのか」。について話し合うことを知らせる。
❸それぞれのp4cについてワークシートに自分の考えを書く。

お店で1年生に教える2年生

## 6 本時の流れ

**児童の立てた問い**　「どうしたら1年生を楽しくあそばせることができるのか」

○問いを出した理由

「わらべむらさんから習った昔遊びで1年生とも遊びたい。でも1年生には難しいものもあるからどうにかできないか」と思ったから。

○主な発言

> C1●昔遊びをもっと楽しくできるように考えるのは良いこと。
> C2●習ってみて，難しいものもあったから，できないなと思っているものを考えたら良い。
> C3●1年生から，リクエストが来たことにびっくりした。1年生も考えているんだ。
> C4●ぼうずめくりは，妖怪めくりにすると楽しいかなと思う。
> C5●缶ポックリを牛乳パックにすれば良い。材料を1年生に頼もう。
> C6●不器用な人もできるように，お手玉は大きく軽くしたら良い。ジャンボお手玉だと良いよ。
> C7●一緒に作るコーナーもあったら楽しいと思う。
> C8●わらべむらさんにも1年生に作ったものを見せて意見をもらうと良いと思う。

**教師による掘り下げの問い**　「わらべむらさんにはどんなふうに参加してもらうといいのか」

C 9 ● わらべむらさんには、最初に習った昔遊びを、そのまま教えてもらうコーナーで出てもらう。
C10 ● 1年生がリクエストした遊びと、2年生が考えた遊びを両方出して、わらべむらさんにも、一緒に遊んでもらったら楽しい。
C11 ● 工夫したところを見てもらうと、良いと思う。
C12 ● わらべむらさんに、お手紙を出してどんなふうに参加してもらえるのか聞いてみるのはどうか。

1年生が集めてくれた牛乳パックでポックリを作る2年生

2年生の説明を聞く1年生

## 7 振り返りの記録

### ○今日の問い 「どんなお店にしたいのか」

**1　自分の考え**
ぼうずめくりを妖怪めくりにしたら、1年生も楽しいし自分たちも楽しめるから、みんなが楽しめて良いと思う。

**2　探究の対話をして考えたこと**
いつもはグループで話し合うと、途中でケンカになったりするけど、p4cだとゆっくり考えて話すことができた。

| まとめ | |
|---|---|
| 友だちの考えが分かりましたか | （◎） |
| 自分の考えを言えましたか | （◎） |
| 考えが深まりましたか | （◎） |
| p4cをやってよかったですか | （◎） |

2年生がボランティアさんと一緒に1年生を遊ばせてます

### ○今日の問い 「どうしたら1年生を楽しくあそばせることができるのか」

**1　自分の考え**
1年生が考えてくれたことを生かして、そのプランを2年生がさらに考えると良いのではないか。

**2　探究の対話をして考えたこと**
2年生がやりたいことと、1年生がして欲しいことは少し違っていることが話合いの中で考えることができた。それがすごい発見だった。喜ばれることを考えるのってすごく満足するんだと思った。

| まとめ | |
|---|---|
| 友だちの考えが分かりましたか | （◎） |
| 自分の考えを言えましたか | （◎） |
| 考えが深まりましたか | （◎） |
| p4cをやってよかったですか | （◎） |

○今日の問い　「この活動は，どんなことが良かったか」

1　自分の考え

　　今の1年生が2年生になった時，こんなふうに考えたよと教えてあげたいと思ったこと。

2　探究の対話をして考えたこと

　　わらべむらさんが教えてくれた昔遊びから自分たちでもっと楽しい遊びも考えられたし，2年生同士でも，1年生とも，わらべむらさんとも前より仲良くなれたことが良かった。

　　ゲームは飽きるけど，昔遊びは飽きないと言われたことがうれしかった。

**まとめ**

| 友だちの考えが分かりましたか | （◎） |
| 自分の考えを言えましたか | （○） |
| 考えが深まりましたか | （◎） |
| p4c をやってよかったですか | （◎） |

○今日の問い　「この活動は，どんなことが良かったか」

1　自分の考え

　　1年生に喜んでもらうことができたこと。

2　探究の対話をして考えたこと

　　遊ばせ方や説明の仕方をわらべむらさんから教えてもらったこと。

　　わらべむらさんのおかげで，一年生に喜んでもらうことができたことができたと思った。

**まとめ**

| 友だちの考えが分かりましたか | （◎） |
| 自分の考えを言えましたか | （◎） |
| 考えが深まりましたか | （◎） |
| p4c をやってよかったですか | （◎） |

## ⑧ 活動を終えて

　p4cを学ぶようになって，学習の中でも p4cで話し合いたいという希望が出てくるようになりました。

　グループ活動での話合いとの違いを，児童自身が感じていたことが分かりました。十分に話し合えたことで深まる人間関係が活動の随所に見て取ることができました。

**2年生が1年生のために考えた遊び**

❶コマさんのおみせ

❷スペシャルお手玉やさん

❸クイズですすむ牛にゅうぽっくりのおみせ

❹いろんな風船やさん

❺ようかいめくりやさん

❻いろいろまとあて＆ゴムでっぽうやさん

（高橋　佳子）

授業実践4　5年　家庭科

# 「じょうずに使おう　お金と物」

## 1　単元のねらい

- 自分の生活との関わりから、お金や物の大切さに気付き、その使い方に関心を持って学習に取り組むことができる。（関心・意欲・態度）
- 自分の生活と身近な環境との関わりに関心を持ち、環境に配慮した生活をしようとすることができる。（関心・意欲・態度）
- 購入しようとする物の品質や価格などの情報を活用し、目的に合った物の選び方や買い方について考えたり、自分なりに工夫したりすることができる。（創意工夫）
- 購入しようとする物の品質や価格などの情報を集め、その必要性を感じることができる。（技能）
- 目的や品質を考えた物の選び方や適切な買い方について理解することができる。（知識・理解）

円座になり、授業が進む

## 2　指導計画　（5h）

① 今までの消費生活を振り返り、学級で話し合いたい「問い」を作る。
②「問い」について学級で話し合い、お金や物は大切に使わなければいけないことに気付く。（本時）
③ 家族の生活を支えるお金が何に使われているかを考え、収入と支出のバランスをとることが大切であることを知る。
④ 物の選び方の疑似体験を通して、目的に合ったよりよい物の選び方や買い方について考える。
⑤ マークや表示の意味を調べる。／買い物名人○ヶ条を作り、単元の学習内容を振り返る。

## 3　本時の指導の流れ

　買い物は生活する上で必要不可欠なものであり、児童にとって、最も身近な消費活動である。しかし、買い物の体験には個人差があり、一人で買い物をしたことがある児童もいれば、全くない児童もいる。

　本単元のねらいは、自分の生活との関わりから、物や金銭の大切さに気付き、目的や環境に合った物の選び方や買い方について考え、実践することである。そのためには、身近な消費活動を想起させる必要があるが、前に述べた通り、買い物の体験には個人差が見られる。

　本時は、探究の対話（p4c）をすることで、買い物場面を実際に想起させ、互いの考えを交流し合い、児童全員が消費活動について深く考え、単元のねらいを達成するための素地を築くことを期待した。

### 4 本時までの流れ

①今までの消費活動を振り返り，お金や物の使い方で困ったことについて考えさせたり，おこづかいで自由に買い物をする場面を想起させたりする活動を通して，買い物場面における「問い」を考えさせる。（1時間目）

②学級で考えを深めたい「問い」を一つ選び，その「問い」に対する自分の考えをワークシートに書かせる。（宿題）

③「なぜむだづかいをしてしまうのだろうか。」という問いについて，学級で話し合う。

探究の対話の約束を確認する

### 5 本時の流れ

「問い」は大きく分けて二つある。一つは児童が立てた問い〈なぜ，むだづかいをしてしまうのだろうか〉。もう一つは，本時のねらいに迫るための教師による掘り下げの問い〈おうちの人が一生懸命働いて稼いだお金。どのように使ったらよいだろうか〉。それぞれの問いに向かうために，いくつかの質問を教師側から提示しながら，対話を行った。

**導入の質問**　「むだづかいとは何か。」

○主な発言

- C1 ●買って2日くらいで壊れたらむだづかい。
- C2 ●1回しか使わない物や壊れたら直せない物は，むだづかい。
- C3 ●買ってすぐ飽きて，使わなくなるのはむだづかい。
- C4 ●いらないものを流れやノリで買ってしまうのがむだづかい。友だちとおそろいの物をいらないのに買ってしまったり，店員さんにすすめられたりして買ってしまった。

**児童が立てた問い**　「なぜ，むだづかいをしてしまうのだろうか。」

○問いを出した理由

今までの買い物の体験を振り返ると，欲しい物をすぐに買ってしまい，おこづかいが足りなくなってしまったり，必要だと思って買ったものでも，あまり使わなかったりしたことがある。なぜ，そのようなむだづかいをしてしまうのかを考え，今後の買い物に生かしていきたいと思った。

コミュニティボールを持ちながら話す子ども

○主な発言

- C5 ●自分で持っていないものは好奇心で欲しいと思うから。
- C6 ●流行しているものを自分だけ持っていないのは嫌だから。
- C7 ●買わせるために褒めていると分かっていても，嬉しくて買ってしまう。
- C8 ●おまけが欲しくて買ってしまう。

**流れをつくる質問**　「みんなが買い物をするためのお金は，どこから来たのか。」

○主な発言

C 9 ● 父母が苦労して働いて稼いだお金。
C 10 ● 父がお昼代を削って自分のために使ってくれている。

**教師による掘り下げの問い**　「おうちの人が一生懸命働いて稼いだお金。どのように使ったらよいだろうか。」

○主な発言

C 11 ● 本当に必要なものだけを考えて買う。
C 12 ● 将来につながるものを買う。
C 13 ● よく考えて買う。親に許可をとる。
C 14 ● 父母への感謝の気持ちを忘れずに，考えて買い物したい。

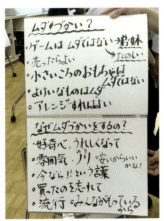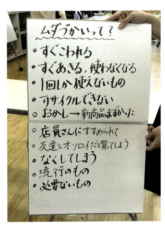

子どもたちの話をメモして示す

## 6 振り返りの記録

○今日の問い「なぜ，むだづかいをしてしまうのか」
〈探究の対話をして考えたこと〉
　私は，これは本当にむだづかいだったのかなどを家で考えてみたいと思いました。よく考えてみたら，買ったけど使わなかったり，壊れてしまったりしているものはいっぱいあるなと思いました。これからはきちんと考えてお金を使いたいと思いました。

○**今日の問い「なぜ、むだづかいをしてしまうのか」**
〈探究の対話をして考えたこと〉

　友だちの話を聞いて、自分だけではなく、多くの人が「むだづかい」の経験があることに気付き、びっくりしました。友だちの意外な一面も見られて楽しかったです。むだづかいをしてしまう私たちのことを、両親はどう思っているのか知りたくなりました。

○**今日の問い「なぜ、むだづかいをしてしまうのか」**
〈探究の対話をして考えたこと〉

　なぜむだづかいをしてしまうのかをもっと深く考えたり、お金の届き方を調べたりしたくなりました。両親への感謝の気持ちを持ってお金を使いたいです。

○**今日の問い「なぜ、むだづかいをしてしまうのか」**
〈探究の対話をして考えたこと〉

　今までは「ほしい」という気持ちだけで買っていたけれど、これからは本当に必要かを考えてから買いたいと思いました。

○**今日の問い「なぜ、むだづかいをしてしまうのか」**
〈探究の対話をして考えたこと〉

　これから、おこづかいをもらったら、貯めるか、どうしても必要なものだけを買おうと思いました。p4c を通して、お金の大切さについて考えを深めることができたのですが、逆に分からなくなったこともあります。それは，「本当に必要なものとは何か」です。このことについて、考えようと思いました。

## ⑦ 授業を終えて

　家庭科で p4c を行うに当たって，悩んだことがあります。それは，評価の在り方についてです。教科である以上，授業を通して子どもたちに身に付けさせたい力があり，その力がどのくらい身に付いたのかを評価しなくてはいけません。今回の授業では，「お金や物の大切さを知る」ことが，身に付けさせたい力でした。つまり，一つの答えに向かって授業を進める必要がありました。その点が，対話を通して様々な価値観に触れ，考えを深めていく p4c とは異なる部分です。p4c と教科の違いに悩みながらも，授業を行って分かったことがあります。それは，ただ教師が一方的にお金や物の大切さを語るよりも，p4c を用いて子どもたちが話し合うことで，子どもたちは自らその大切さに気づくことができた，ということです。教科で p4c を行ってみて，一つの答えに向かって授業は進みましたが，その過程で，子どもたちが様々な考えに触れ，思考を深めることができていたことが驚きでした。その点では教科の中で p4c を用いることは，大変有効であると強く感じました。

（熊本 菜摘）

授業実践 5　6年｜保健

# 「病気の予防」

## 1 単元のねらい

①病気の起こり方とその予防の方法，地域の保健活動について，課題の解決に役立つ基礎的な事項を理解できるようにする。（知識・理解）
②病気の予防について関心を持ち，学習活動に意欲的に取り組むことができるようにする。（関心・意欲・態度）
③病気の予防について，課題の解決を目指し，知識を活用した学習活動を通して実践的に考え，判断し，それらを表すことができるようにする。（思考・判断）

## 2 指導計画（4h）

①喫煙や飲酒が体に及ぼす影響について知り，自分の考えをまとめる。
②薬物が心身に及ぼす影響について知り，自分の考えをまとめる。
③病気の予防について，話合い活動を通してこれからの自分の生活の仕方を考える。…本時
④健康を守るために地域で行われている活動について知り，これまでの学習を振り返る。

## 3 本時の指導の流れ

　これまでの実践を振り返ると，知識の習得を目指すことに時間を割いてしまい，自分の考えをまとめ伝える程度で学習を終えることがあった。
　本単元のねらいは，喫煙や飲酒，薬物乱用の害と健康について，課題の解決を目指し，知識を活用した学習活動を通して実践的に考え，判断し，それらを表すことである。自分の考えをまとめるだけではなく，考えを互いに交流することで，実践的な考えがより深まるのではないかと考えた。
　本時は，探究の対話（p4c）をすることで，これまで学習した病気の予防について，互いの考えを交流し，話合い活動を通してこれからの自分の生活の仕方を考えられるようになることを期待した。

## 4 本時までの流れ

①学習計画を確認する中で，探究の対話（p4c）を行うことを知らせ，本時の学習から生まれた問いをワークシートに記入する。（1時間目）
②これまでの学習から生まれた問いの中から一つを選ばせ，理由を書かせる。（2時間目）
③皆で問いを出し合い，一つに絞る。（本時）

たくさんの人がいても集中する子どもたち

67

## 5 本時の流れ

**児童の立てた問い**　「未成年者がたばこを吸ったりお酒を飲んだりするのは法律で禁止されているのに，なぜ守られないのか。」

○問いを出した理由
　未成年者がたばこを吸ったりお酒を飲んだりするのは法律で禁止されているのに，実際は未成年者でも少なからずやってしまっている人がいるので，なぜ守られていないのかを知りたいと思った。

○主な発言

C1 ●大人が未成年者に勧めたり，未成年者が仲間をつくって，「やらないと仲間に入れない。」などと言ったりするので，守られていないのだと思う。
C2 ●未成年者はまだ子供なので，もし一瞬でも幸せな気持ちを味わってしまったら，お酒やたばこは親がいればすぐ手に届くところにあるので，法律をちゃんとしないといけないと思った。
C3 ●大人がたばこを吸ったりお酒を飲んだりしているのを見て，好奇心が湧いてやる。
C4 ●害について知らせても，本当にそうなるのか疑問に思って試したり，好奇心を持ったりしてやるのだと思う。
C5 ●大人から誘われると断れない。また，やると大人の気分が味わえると思い，他人もそれを見てやってみたくなる。体に害があることをしっかりと伝えることが大切だと思う。

しっかりと人の意見を聞いている

**教師による掘り下げの問い**　「未成年者を守る方法はないのか。」

　周りの環境が原因で仕方がないという発言が多くあったので，「守る」ことについて考えさせようと新たな問いを投げ掛けた。

C6 ●大人がもっと厳しく守れば良い。売っている人が，未成年者かどうか確認していないからで，証明書などをしっかりと確認すべきである。
C7 ●コンビニなどでお酒を買うときに「２０歳以上ですか。」という掲示があるが，自動販売機にはないので，管理人や防犯カメラを付けて見張っていたら，なくなると思う。
C8 ●未成年者が買ってしまうのは，なぜいけないのかが分からないからだと思う。早くやればやるほど体に悪いということを知ることが大切だと思う。
C9 ●大人の人にも害があるものなのだから，大人がやめない限りダメだと思う。大人がやめれば未成年者もダメだと分かるので守れると思う。
C10 ●今は，未成年者でも「20歳以上ですか。」と聞かれ「はい。」と答えると買えるので，しっかりと身分証明できるものを提示できるようにする。対策は，ある程度できているけど，更に進める必要がある。

考えることを楽しむ子どもたち

> **教師による掘り下げの問い**　「法律を厳しくしたり，自動販売機に表示をしたりすれば守れるという考えがあったが，本当に守れるのか。」

　方法論だけでなく，自分の意識や互いの関わり方にも考えを向けてほしかったので，次の問いを投げ掛けた。

**C11** ● そこは守られたとしても，大人が買って未成年者に与えたら守られないので，守れないと思う。
**C12** ● やってしまったら，周りの人が助けてあげればいいと思う。
**C13** ● 法律を厳しくしても，ストレスがたまっている人などはやめられないと思うので，未成年者は破ってしまうと思う。
**C14** ● 意識や勇気が大切である。未成年者が断る勇気がなければ法律を厳しくしてもなくならないと思う。意識や勇気で少しだけ守れる確率が上がると思う。

## ⑥　振り返りの記録

### ○今日の問い　「未成年者がたばこを吸ったりお酒を飲んだりするのは法律で禁止されているのに，なぜ守られないのか。」

**2　探究の対話をして考えたこと**

　前に学習したときより，飲酒・喫煙・薬物乱用はとても恐ろしいことなんだと思いました。飲酒は，年上の人から誘われても強い勇気を持って断ることが大切なんだと思いました。喫煙は，吸っている人も健康に害があるし，たばこを吸っていない人も煙を吸ったら健康に害があるんだと思いました。薬物は一度吸ったらやめられなくなると思いました。

### ○今日の問い　「未成年者がたばこを吸ったりお酒を飲んだりするのは法律で禁止されているのに，なぜ守られないのか。」

**2　探究の対話をして考えたこと**

　ストレスが原因だったら，大人の人が変わることが大切だったと思います。大人の人が，不満や本当の気持ちを聞いてあげれば，大人が策を打てるし，なくせると思います。でも，一番は断る勇気だと思います。自分で断れないなら助けを求めたら良いと思います。「正しいことより強いことはない」ので，「自分は正しいのだ」と思えば良い。もしいたら，わたしが注意してなくせたらと思います。

### ○今日の問い　「未成年者がたばこを吸ったりお酒を飲んだりするのは法律で禁止されているのに，なぜ守られないのか。」

**2　探究の対話をして考えたこと**

　みんなで考えてみたら，まだ「法律」ということの意識は低くなってしまっていると思いました。自分で断る勇気を持つということは全く難しくないので，法律を守ることを大切にしていこうと思いました。p4cをして，私の勇気が大きくなったので，絶対にだまされずに断るように心掛けたいと思いました。

### ○今日の問い　「未成年者がたばこを吸ったりお酒を飲んだりするのは法律で禁止されているのに，なぜ守られないのか。」

**2　探究の対話をして考えたこと**

　いけないことだけど，やめる人は簡単には減らないと思った。それ以外の犯罪をする人だってなくならないのに，身近にある喫煙・飲酒をなくすのは難しいと思います。具体的にどのくらい悪いのかを皆に伝えると良い。

69

○今日の問い 「未成年者がたばこを吸ったりお酒を飲んだりするのは法律で禁止されているのに，なぜ守られないのか。」

2 探究の対話をして考えたこと

今回，未成年者のことを中心に話し合いました。まず，飲酒や薬物の恐ろしさをしっかりと理解していないといけないと思いました。大人が先にやめなければ，未成年者もやってしまうと思います。自分だけでは絶対やめられないと思うので，周りが全力で止めないといけない。

○今日の問い 「未成年者がたばこを吸ったりお酒を飲んだりするのは法律で禁止されているのに，なぜ守られないのか。」

2 探究の対話をして考えたこと

未成年者が法律で禁止されているたばこを吸うことやお酒を飲むことは，なぜ守られないのかをみんなで深く考えることができたので良かった。友だちの考えを聞いて，呼び掛けの看板を置いてもやっぱり買ってしまう人はいるし，最後は自分なので「気持ち」が大切ということで，私もそうだと思いました。

○今日の問い 「未成年者がたばこを吸ったりお酒を飲んだりするのは法律で禁止されているのに，なぜ守られないのか。」

2 探究の対話をして考えたこと

自分は甘く考えていたけど，みんなの意見を聞いて，やっぱりやめるのは難しいと思いました。もし，勇気や意識でやめられるなら，ほとんどの人がやめていると思う。なので，お酒やたばこをつくるのをやめればよいと思った。

○今日の問い 「未成年者がたばこを吸ったりお酒を飲んだりするのは法律で禁止されているのに，なぜ守られないのか。」

2 探究の対話をして考えたこと

自分の意見が話せなかった。みんなの意見を聞いて，守れないのは好奇心を持ってしまったからだと思いました。それでも，守るためには断る勇気が大切だと思いました。大人や先輩から言われて断り切れなくやってしまう人もいると思います。

「A：できた　B：まあまあ　C：できなかった」としたときのAの割合（ワークシートに記載）
①自分の考えを話せたか……………………… 35%
②友だちの話をよく聞けたか…………………100%
③考えが広まったり深まったりしたか……… 90%
④安心して参加できたか……………………… 80%
⑤楽しかったか………………………………… 70%

## 7 授業を終えて

教科書で学んだ知識を，これからの生活に少しでも生かしていくことができるようにというねらいで実践しましたが，児童はよく考えていました。これまでの学級づくり，そして学年で取り組んできた様々な学びの中で，セーフティがしっかりとできていたためだと思います。一単位時間の中で，できるだけ対話の時間を確保することに重点を置いて授業の展開を考えましたが，みんなが考える問いが決まった段階で，自分の考えをまとめる時間を確保することなど考えると，1.5時間扱いにすることも検討する余地があります。　　（前田 秀勝）

**授業実践6** 中学1年 道徳

# 「集団生活の向上」

## 1 主題名

集団生活の向上について 【価値項目 4 -（4）集団生活の向上】

## 2 主題について

### (1) 生徒観

本学級の生徒は，近隣の2つの小学校とその他の小学校からの転入生から成る。男子19名，女子14名，計33名の明るく前向きな生徒たちで構成されている。

中学校に入学してから約1か月が経ち，校外学習という行事等を通して，少しずつ集団としてのまとまりも出てきている。しかし，まだ出身小学校間の隔たりや，男女間の隔たりがあり，コミュニケーション不足を感じる面が多々ある。特に清掃や給食準備などの活動では，学級委員などの一部の生徒による声掛けが

p4c 風景

行われているものの，自分の利益を優先させたり，自分との関わりの薄いクラスメートには無関心だったりと，非協力的な生徒もいる。

### (2) 主題観

人間は一人では生きていけず，私たちは毎日の様々な人間関係の中で生活している。その中で生きていくためには，自分の属する集団の意義を十分理解することが大切である。そして，その集団の一員としての役割と責任を自覚して，集団としての目標を達成する中で，集団生活の向上が図られ，自己の実現もなされる。したがって，集団においては，互いの人間関係を大切にするとともに，励まし合い，協力し合うことが大切である。

出身小学校という枠を超えて，クラスメート一人一人と互いにコミュニケーションをとることから，その人が持つ個性と向き合うことで，互いを理解し，認め合う集団が作られていくものである。それぞれが協力し合い，足りない部分を補い合えるような人間関係づくりをさせていきたい。そして，安心で安全な場所として，生徒の心のよりどころである学級を作っていきたい。

### (3) 指導観

指導にあたっては，集団生活を送るためには，自分のことだけではなく，一人一人が周りのことを考えていかなければならず，そのためには周囲とのコミュニケーションが不可欠であることに気づかせたい。そして，学級に所属している一人一人の個性を認め合いながら，集団としての目標に向かって努力していこうという気持ちを高めさせたい。

## 3 指導計画　1時間完了（本時）

## 4 本時の指導の流れ

生徒たちは，中学校に入学して1か月が経ち，中学校の生活にも慣れてきた。学級という集団に所属して，「集団生活を向上させるために」というテーマの下，皆で対話してみたい「問い」を考えさせた。現時点での「集団」というものに対して感じた生徒たちの「問い」を通して，探究の対話（p4c）をすることで，集団生活を向上させるために何が必要で何が大切かを考え，深め合い，これからの学校生活につながっていく時間となることを期待した。

p4c風景

## 5 本時の流れ

**生徒が立てた問い**　「なぜ，先生の言うことは聞くのに，友だちの言うことは全然聞かないのか？」

（生徒たちが考えた「問い」を，生徒一人2票を投じて「問い」を決定する。最も票の数が多かった「問い」がこれである。生徒たちの「皆で対話したいこと」という意欲を第一に考え，この問いに決定した。ウォーミングアップ的な役割を果たす「問い」だと考える。）

○問いを立てた理由

「静かに！」と先生が言うと，皆は静かになるのに，友だちが言うと静かにならない時が多い。同じことを言っているのに，言う人が違うと行動に移せない人がいる。その差は何か聞いてみたいと思った。

○問いを立てた人はどう思ったか

友だちはいつも一緒にいるから，軽くとらえてしまう。先生だと怒られたりするのが嫌だから，言うことを聞くのではないかと思う。

○主な発言

- S1 ●上下関係による緊張感が違う。友だちだと同じ立場なので反抗したくなる。
- S2 ●先生は皆よりも上の存在なので逆らえない。
- S3 ●先生の話は聞かないと怒られるし，何度も聞き返すことはできない。大事なことはその時にきちんと聞かないといけないから。
- S4 ●女子と男子でも皆の対応が違うこともある。だから上下関係だからと言うだけではないと思う。
- S5 ●男子も女子も関係なく，皆が同じクラスだから皆で注意するべきだと思う。
- S6 ●そもそもどうして注意をするかと言うと，うるさい人がいると皆の迷惑になったりするからだよね。
- S7 ●普通に頑張っている人の迷惑になる。いろんな面で他の人から皆がだめだと思われる。
- S8 ●ある人が何か問題を起こしてしまったら，その人だけでなく，クラスとか学校とか全体の印象が悪くなる。だからみんなで注意し合うのだと思う。
- S9 ●そういえば，小学校の時に，ある人が昇降口でボールを蹴った事件があって，その人だけでなく，学年全体が体育館に集まって，先生から話をされたことがあった。

S10 ● 集団で生活をするということは，いいこともあるけど，自分は関係していないのに，怒られたりして，デメリットもあると思う。集団で生活することは他の人との関わりを深め，高めるための練習をしているのだと思う時がある。
S11 ● 注意をするというのは，その人のことを思っているからするのだと思う。
S12 ● お互いに注意をし合うことが大切。
S13 ● お互いに注意し合って，協力することで学級崩壊も避けられる。
S14 ● 注意し合うことで相手も自分も成長できる。
S15 ● 注意し合うことができると集団生活ができているのだと思う。
先生がいる，いないに関わらず，しっかりと皆の悪いところは注意すべきだ。

**教師による掘り下げの問い** 「集団生活をする中で，必要なことや大切なことは何だろう？」

（生徒たちの対話が，集団生活を向上するためにお互いが注意をし合うのだという考えになり，集団生活を意識した内容になってきたので，教師は思考の「掘り下げの問い」として，主題に迫る問いを発した。）

S16 ● 友だちと適度に話すことによって，コミュニケーション力を強める。
S17 ● 人の気持ちを考えることが大切。僕は小学校3年生の時にひどい目にあった。だから人の気持ちを考えながら注意もしている。そうやっていくうちに信頼関係も作られる。
S18 ● 信頼関係を生み出すのもコミュニケーションが関係してくる。話さないとどんな人かが分からない。どんな人か分からないとその人のことを疑ってしまうこともあるから。話すことは大切。
S19 ●「コミュニケーションって会話をすること。会話は心のキャッチボールだと思うのだけど，会話をするとどんな良いことがあるのかな？」
〈生徒による考えを深めるための問い〉
（対話中に生徒から出された「問い」である。この「問い」以降，生徒たちは，さらに主題に迫るべく考えを具現化し深めながら対話を展開している。）
S20 ● 会話をすると相手のことが分かってくるので，うまく付き合っていける。
S21 ● 会話をすると友だちができる。自分と相手の間に，楽しい気持ちが生まれる。
S22 ● 会話をすることで仲良しになり，信頼関係を築ける。孤独を避けることができて，助けてもらえる。そして心がつながる。
S23 ● 例えば目や耳や言葉が不自由な人が心を伝え合うことには時間がかかるかもしれないが，私たちだったら話をすればすぐに伝えることができる。
S24 ● 相手のことがどんな気持ちか初めは分からないが，会話をすることでその人の気持ちが分かり，毎日その人と話すことでその人の気持ちの変化に気づけるようになる。
S25 ● 相手が何を考えているのかだいたい分かってくると信頼関係も生まれる。信頼関係を築けると，どんどん自分の意見も言うことができる。
S26 ● 私たちは会話をすることでしか伝えられない。助け合うのも会話だし，嬉しいという気持ちだって相手に伝えるとその人も嬉しくなる。そういうところから団結も生まれてくると思う。

問いの授業

授業のまとめ記入

# ⑥ 振り返りの記録

　生徒の振り返りの記録である。「3　まとめ」の（　）内の数字は，4：とてもそう思う，3：そう思う，2：あまり思わない，1：思わないという評価を示している。

---

○**今日の問い**　**「なぜ，先生の言うことは聞くのに，友だちの言うことは全然聞かないのか？」**

**1　自分の考え**
　どうせ友だちの話すことはくだらないことだから聞き流して，先生の話すことはすごく大事だと思っているから。

**2　探究の対話をして考えたこと**
　一人一人が注意し，意識することでクラスが良くなるし，友だちのこともももっと意識するようになると思いました。そして会話をすることでコミュニケーション力も高まり，絆も深まると思います。

| まとめ | |
| --- | --- |
| ①自分の考えを話せた。 | （3） |
| ②友だちの考えを聞けた。 | （4） |
| ③安心して参加できた。 | （4） |
| ④新たな発見があった。 | （4） |
| ⑤また p4c をやりたい。 | （4） |

---

○**今日の問い**　**「なぜ，先生の言うことは聞くのに，友だちの言うことは全然聞かないのか？」**

**1　自分の考え**
　先生のように友だちは自分よりも上の人間ではないので反抗したくなってしまうから，友だちの言っていることを聞かないことが出てくるのだと思う。

**2　探究の対話をして考えたこと**
　今日の p4c では T 君がとても良い意見を言っていて考えさせられました。集団生活で大事になってくるのは団結力，コミュニケーション力などであり，クラスで生活するのに大切なことばかりです。

| まとめ | |
| --- | --- |
| ①自分の考えを話せた。 | （4） |
| ②友だちの考えを聞けた。 | （4） |
| ③安心して参加できた。 | （4） |
| ④新たな発見があった。 | （4） |
| ⑤また p4c をやりたい。 | （4） |

---

○**今日の問い**　**「なぜ，先生の言うことは聞くのに，友だちの言うことは全然聞かないのか？」**

**1　自分の考え**
　立場の問題だと思う。どんなに嫌でも大人の言うことは聞く。なぜなら叱られたくないから。学級委員の言うことは友だち同士でも聞きます。日本は縦社会だから。

**2　探究の対話をして考えたこと**
　会話をしなければ集団生活なんてできないと思います。会話をすることで，時にはぶつかり合うこともありますが，納得して信頼関係が生まれていくものだと思いました。いろいろな感情を伝えるには会話をするしか方法がありません。だから会話は命と同じくらいなくてはならない大切なものなのだと思いました。

| まとめ | |
| --- | --- |
| ①自分の考えを話せた。 | （1） |
| ②友だちの考えを聞けた。 | （4） |
| ③安心して参加できた。 | （3） |
| ④新たな発見があった。 | （3） |
| ⑤また p4c をやりたい。 | （4） |

○**今日の問い　「なぜ，先生の言うことは聞くのに，友だちの言うことは全然聞かないのか？」**

**1　自分の考え**

　　先生の言うことを聞くのは上下関係もあるけど，重要な話だから。友だちの意見は重要性がない。

**2　探究の対話をして考えたこと**

　　話すことによって人との交流が深まるから，孤立しないで皆で楽しくやっていけると思います。そして楽しいこともそうでないこと，「一人がやれば，皆が責任を持つ」ということを胸に刻んでいきたいと思いました。

| まとめ | |
|---|---|
| ①自分の考えを話せた。 | （2） |
| ②友だちの考えを聞けた。 | （4） |
| ③安心して参加できた。 | （4） |
| ④新たな発見があった。 | （4） |
| ⑤また p4c をやりたい。 | （4） |

## 7　授業を終えて

　中学校に入学して，初めて p4c と出会い，今回の授業は 2 回目の p4c でした。時折，ルールの確認を行いながら対話を進めていく感じでしたが，生徒一人一人が真剣に話合いに参加できていました。

　「集団生活の向上」というテーマで，生徒たちが最も皆と対話したいと思った「問い」が，若干主題とは離れたが，生徒の興味・関心・意欲の部分を大切にして，この「問い」から対話を始めました。この「問い」がウォーミングアップ的な働きをし，比較的多くの考えが発表されました。そこで，教師自身が考えた「掘り下げの問い」を行うことによって，生徒の考えの方向性が主題に迫るように流れが変わってきました。さらに驚いたことには，対話中に生徒（S19）が発言した「問い」を，他の生徒が受け止めて，自分の考えを深めていったことです。

　本学級の生徒は，p4c に大変意欲的で，全員が「またやりたい」と答えています。私自身もどう成長していくのか大変楽しみです。　　　　　　　　　　　　　　　（間山　由佳）

75

## 授業実践 7

# 「大学や専門学校での実践」

## ① 大学教師の夢―大学生に議論をさせる―

　大学の教師として，私には一つの夢がありました。それは，大学生に主体的な議論をさせることです。「それって，簡単にできることじゃないの？」「大学生にもなって，議論の一つもできないの？」「そんなこともさせられない大学教師って，力量不足ではないですか？」と，ご批判を浴びそうです。しかし，大学生に大学生らしい議論をさせることは，実は決して簡単なことではありません。10人前後の小さな演習ならともかく，50人とか100人規模の講義となると，どうすれば良いか，長年いい方法が見つかりませんでした。

　確かに，小グループに分け，司会者と記録係を決め，テーマを与えて話合いをさせたり，KJ法などで意見を出させたりして，最終的に意見をまとめ発表させる，ということなら，それほど難しいことではありません。学生たちが体験してきた「学級会」の延長です。小中高校での学級委員長経験者が多い教育大学では，こうしたお決まりの話合いなら，お手のものです。

　しかし，私を含め大学教師が思い描く，大学生らしい「議論」は，そんなものではありません。めざしている「議論」には，ディベートの要素，意見の対立や批判が含まれます。意見の衝突がない話合いは，「議論」としては物足りません。しかし，学生は意見の対立を恐れます。ほとんどの学生は，ガラスのように脆く傷つきやすい存在です。これに対して，教師がめざすのは，学生たちから十人十色の見解が出され，学生がその多様性に困惑し，そこから自分たち自身の力で議論を整理し，対立軸を明確化し，当初は思ってもみなかった新しい考えに，目から鱗を落とす，そんな「議論」です。そう，あの「白熱教室」のような議論。これをやろうとすると，たいてい，弁の立つ数人の学生の独壇場になり，人前で話すのが苦手な多くの学生は，自分が指名される恐怖におののき，次はもうやりたくないというのが関の山です。「白熱教室」なんて，夢のまた夢…。ところが，p4cハワイと出会ってから，それが私にも，少しずつできるようになってきたのです。「できる」というと言い過ぎですが，「白熱教室」がすぐ先に見え始めました。加えて，学生たちの感想から分かってきたのは，こうした議論を待ち望んでいたのは，学生たちの方だったということです。学生たちこそ，議論を欲していたのです。

## ② 始まりは面白半分でほろ苦く

　今にして思えば，始まりは面白半分だった気がします。もちろん，この対話による探究の学習法の意義や必要性を真剣に考えた上で，自分の講義や演習に取り入れ始めたのですが，当初は，理論的理解も実践経験も浅かったと感じます。そのせいでしょうか，ほろ苦い経験もありました。

　2013年後期の30人ほどの演習でした。10人ずつの3グループに分かれ，自分たちが選んだ問いについて話し合ったところ，一つのグループで，3，4人の目立ちたがり屋がコミュニティボールを独占し，悪ふざけのような軽口の連発で対話を終えたのです。私も，全体を見ながら，その悪ふざけが気になっていましたが，どう介入すればよいか分からず，そのまま流してしまいました。発言できなかった学生は，振り返りシートに不満を綴っていました。

　ただ，このほろ苦い経験も，私には貴重でした。それまで私が知らなかった学生の新たな一面を知ることができたからです。教育大学で学ぶ，いわゆる「真面目な」大学生が，演習

であれ講義であれ，授業中にこうした姿を見せることは，それまで一度もありませんでした。教師がコントロールを緩め，楽しく自由な雰囲気の中で，学生たちに話合いの主導権を委ねてみて初めて，学生の自然な姿が見えた気がしました。翌週，私は，発言できなかった学生たちのフラストレーションを紹介し，発言の機会の不平等がいかに不快であるかを，学生たちに伝えました。それ以来，こうした悪ふざけは起きなくなりました。

　p4c ハワイ・みやぎスタイルを実践すると，学生たちの実態や意外な面がよく見えてきます。そこには，上記のように克服すべき課題もときに含まれますが，実践するたびにハッとさせられるのは，学ぼうとする学生たちの意欲とか，深みのある思考とか，新鮮なアイデアとか，豊かな実体験などです。

## ③ 看護専門学校での講義

　看護専門学校の「教育学」を担当してから 3 年目，私は思いきって，p4c を講義に取り入れることにしました。まずは，グループ対話による探究の意義を教育学の観点から解説し，p4c ハワイ・みやぎの理念やルールを簡単に説明しました。次にコミュニティボールづくり，場が和んだところで，7，8 人のグループに分かれ，各グループごとに学生一人がファシリテーターになり，「看護の領域における教育をテーマに，みんなで考えてみたい問い」を立て，グループごとに投票しました。

　すると，出てくる問いは，どれも切実なものばかりでした。

・「肝硬変の患者，会社勤めで飲み会などの機会が多い人への飲酒や食事に関する指導をどうしたらいいか？」
・「認知症で，何度言っても忘れてしまう患者さんに，どう禁止行為を指導すればいいか？」
・「患者さんに教育・指導をしていたら，怒られてしまい，口をきいてくれなくなった場合に，どう対応すればいいか？」
・「気管切開している患者さんに，食べ物関連について聞かなければならないとき，どうするか？」
・「病院の看護師の対応に関して患者さんから不満をぶつけられた時，実習中の学生として，どう対応すればよいか？」
・「完治の見込みがない患者に，どう接するか？」など。

　一見したところ看護のハウ・ツーのような問いもありますし，「教育」を超えた問題も含まれています。しかし，どの問いも安易な答えで満足できるものではありません。看護と教育の深いところに通じる問いが，次々と学生から出されたのは驚きでした。

　そして，いざ対話を始めると，彼女／彼らは真剣そのもので，なんと生き生きしていることでしょう。自分の考えや体験をしっかり語り伝えようとする学生たちの姿。私は何も指導していないのに，ほとんどの学生が，他の学生の話を聞きながら，熱心にメモを取っているではありませんか。「学生たちは，こんなにも学びたかったんだ。お互いの考えを聞きたかったんだ…」，そう思い知らされた瞬間でした。

　振り返りでは，「他の人の意見を聞けて，視野を広げることができた」とか「他の人も同じように悩んでいたことを知ることができてよかった」といった感想に加えて，「答えは出なかったけど，話し合ってみると，何かできるような気がして，希望が見えてきた。やっぱり話し合うことは大切だ。」とも記されていました。

　p4c を講義に取り入れて以来，学生たちの底力を実感できる場面が増え，教師としての自分の使命と喜びを実感できるようになりました。

## 受講生100名の階段教室でもグループ対話

　2014年度から私は，100人規模の受講生の講義でも，p4cによるグループ対話を取り入れています。グループ対話なしの講義は，今の私には考えられません。講義名をあげるなら，「教育の原理」「教育の方法・技術」「教職入門」「子ども学」「教育学講義」などです。その幾つかは，教員免許状取得のための必修科目です。

　p4cの対話を，どうしてこれほど熱を入れて自分の授業に取り入れているのか，自分でもよく分からないほどです。古代ギリシアのソクラテスは，取り憑かれたように，若者に，問答法の対話を挑んだといわれますが，対話による哲学的教育には，教師を虜にする不思議な力が宿っているのかもしれません。

　いつも悩まされるのは，教室です。100名規模の講義室は，たいがい机と椅子がボルトで固定されています。私がよく利用する講義室，最大300名を収容できる階段教室もそうです。大人数の受講生のために，講義とグループ対話とが適宜切り替えられる使い勝手の良い教室が欲しいものです。

　100名の学生を，私は事前に7名ほどのグループに分け，グループのエリアを指定し，できるだけお互いの顔が見えるように座って対話をするようアナウンスします。対話に不向きな教室にもかかわらず，有難いことに学生たちは協力的です。

　通算7学期もこうしたグループ対話の統括を積み重ねると，ファシリテーターや全体のスーパーバイザーとしての私の技量も，少しは上達しているように感じます。それと歩調を合わせるように，学生たちの対話のテーマや質にも変化が現れています。例えば，取り組み始めた当初は，対話後の感想に，「たくさん意見は出たけど，対話としては深まらなかった」とか，「話しても答えが出ないので，何のために話し合っているのか分からない」といった記述がよく見受けられました。ところが，最近はむしろ，「たくさん意見が出たあと，さらに問いが問いを生んで，時間が足りなくなった」とか，「答えが出ない問題だからこそ，色々考えられて面白い」といった記述に，傾向が変わっています。

　対話のテーマについても，変化が見られます。当初は，「教育に関してみんなで話し合ってみたい問いを立てる」といった自由度の高いテーマ設定で，学生たちの問いは，教育実践の技法や教育問題解決を探る問いがほとんどでした。ところが，2017年度は，講義内容と密接に関連するテーマ設定ができるようになりました。

　例えば，「教育の原理」は，「教育の理念と歴史」を扱うことになっているため，例年，西洋教育思想史と日本の公教育史を中心にしています。実学志向の学生にとっては，最も退屈で，将来役に立ちそうもない内容です。西洋化された日本の近代公教育の起源として，古代ギリシアのプラトンの教育論は重要ですので，毎年，『国家』第7巻「洞窟の比喩」をテキストとして，学生たちに読ませます。2017年度は，思い切って，「プラトンの教育論について問いを立てて対話する」という課題を出しました。テキストの精読をホームワークにし，プラトンのイデア論や学習想起説などを解説したあと，学生たちに問いを立てさせました。はたして，プラトン相手に，教育大学2年生が，そもそも問いを立てることができるのか。学生たちに投げかけたものの，正直暗澹たる気分でした。ところが，学生なりに問いを立て，投票してグループの問いを決め，自分の考えをワークシートに記入し，お互いに話し合うことができたのです。

　私は全体を見ているので，各グループでどのような話になっているかを，その場でモニタリングすることはできません。時には，1つのグループを抽出して，傍聴しますが，教師がそばにいると，学生たちも調子が乗らないこともあり，たいていは学生に任せきりにします。

その方が，どうも対話が盛り上がるようなのです。振り返りシートに目を通すと，学生たちなりに対話ができたようです。「うちの学生が，プラトンのテキストで話合いをしている！」私は興奮ぎみに同僚教師に伝えました。その教師も感心し，私の講義を見物に来てくれました。

味をしめたわけではありませんが，次の節目に，私は，「近代公教育の父」と呼ばれるコメニウスを解説したあと，『大教授学』第2章「人間の究極の目的は，現世のそとにあること」をテキストにし，関連する問いを立てて対話するという課題を出しました。この時も，課題を出しながら，「無理だろうな，やはり難しすぎる課題だったな」と，後悔が先に立ちました。

階段教室でのグループ対話

ところが，どのグループも，テキストに肉薄する問いを立てたのです。「なぜ，肉体は滅ぶのに精神は生き生きとしていくのか？ また精神の務めとは何か？」とか，「現世において来世のために生きることは正しいのか？」とか，「大教授学の主題である『人間の究極の目的』は，現世のそとにあるとあるが，現世のそととはどこか？」など，コメニウスの教育思想と格闘しようという意気込みが感じられます。

さらに，いざ話し合ってみると，低調なグループも見受けられますが，いくつかのグループは熱が入り，テキストのプリントを読み直しながら話し合ったり，所々で笑いさえ起こったりしています。振り返りシートには，次のように記されていました。

「対話をしてみて，私の疑問と考えが深まったのは，大変たのしいものだった。答えは絶対的に出ないままで終わってしまったが，言語化できないものの，イメージとして獲得することはできたと感じる。皆が真剣に対話に臨んでおり，対話が深まったし，前回よりよい対話ができたと感じる。」

「…とても有意義な対話だったなと思った。一見まったく正反対に思える意見も，つきつめて考えると，少しつながっているような所もあって，すごくおもしろいなと思った。」

「対話としては，読みやすさもあったのかもしれないが，今までで一番テキストを読み込めていたと思う。良かった点は，多数派につられることなく，各自が自らの意見を言えたこと，グループの問いからさらなる疑問もうまれたことである。一方，反省すべき点としては，難しい問いだからこそ疑問に疑問が重なって混乱してしまったことだ。対話として盛り上がる分，本題からそれてしまう危険もあるので注意したい。」

学生たちは，少しずつ，難解なテキスト相手でも，グループで対話し考える面白さと奥深さを，身体でつかみ始めているようです。あるテーマについて，自分たちで話し合うという目標があることで，テーマに関するテキストを学生たちは身を入れて読むようになりますし，教師の解説にも耳を傾けます。ある程度「知識」がないと話せないことを実感することで，学生は，テーマに関して事前に調べてくるようにもなります。

確かに，講義では，ファシリテーションの仕方を，学生に手取り足取り教えることはできません。しかし，学生たちは，望ましいファシリテーションを，対話そのものから学んでいるようにも見えます。

もちろん，漫然と対話を重ねるだけでは，ファシリテーションの力は伸びませんし，学生たちは「対話上手」にもなりません。対話そのものを学生たちに意識させることも必要です。私は，対話の内容と，対話そのものとを，同時に意識することを，学生たちに伝えます。対話で話題となっている内容，例えば，コメニウスの教育論について考えながら，同時に，あるいは要所要所で，対話がどう進行しているかを「メタ認知」するよう促します。意識のこうした二重化は，教育実習生として現場に入るときにも必要な力です。授業者として，子どもの発言を理解したり，教科書の内容を考えたりしながら，同時に，45分の授業としての組み立てや進み具合を，学生や教師は「メタ認知」しなくてはなりません。それと同じで，多様な意見が並列されているだけなのか，構造化されているのか，対立軸が明確になっているのかなど，対話そのものを意識しながら，ファシリテーターはじめ，対話している全員が，いっそう満足できる対話になるよう，積極的に参加することを私は学生たちに求めます。

## ⑤ 「探究の対話」の多様な可能性

　p4cハワイ・みやぎの対話は，実践者それぞれの理解と必要に応じて，様々なスタイルがありうる，と私は考えています。教育思想史のような，現代の教育問題とは一見かけ離れているように見える難解な古典や史実に接近する対話のスタイルがあってもよいでしょう。

　他にも私は，教育をテーマとした映画『フリーダムライターズ』を学生たちと視聴し，そこから問いを立てグループで対話することもあります。公民権運動の皮肉な結果として人種差別と暴力が蔓延する学校で，新任教師の苦闘を描い

宮城教育大学の新入生合宿研修

た実話に基づくこの映画は，教員志望の学生たちの心を深く揺さぶるようで，対話にも熱が入ります。

　また，宮城教育大学では，新入生合宿研修という課外活動でも，p4cを取り入れ，入学後の大学での学びや将来の夢について，新入生同士で語り合います。

　さらに，教員免許状更新講習の必修講習でも，p4cスタイルの対話を導入しています。教員免許状取得から，10年目，20年目，30年目の教員が受講者です。お互いの経験や知見，悩みや成功例などの意見交換から学ぶことは多いとの考えで，開設当初からディスカッションの時間をもうけていました。これまでは，担当教員ごとに，ディスカッションの仕方は様々でしたが，p4cスタイルの評判が良かったため，2016年度からは，どのクラスでもこのスタイルにしています。「人前で話すのは苦手だけど，コミュニティボールのおかげで，思った以上に話しやすかった」という感想も寄せられます。教師という職についていても，人前で話すのが苦手な人はいるものです。「幼稚園の子どもたちにも試してみたい」「職場でもこうしたセーフな話合いを取り入れたい」と，現場の先生方にも好評です。　　　　（田端 健人）

# いろいろな場で

# 野外活動における実践

**宮城教育大学上廣倫理教育アカデミー教育支援コーディネーター　福島 邦幸**

　全国の小・中学校では，これまでも体験活動が重視され，校外での活動として野外活動が実施されてきました。その効果として，子どもの頃の体験活動経験が多いほど，大人になったときの資質・能力が高くなることや，生活習慣が身に付いている子どもほど，自己肯定感等の能力が高くなることなどが挙げられています。子どもたちの生きる力の育成に欠かせないものといえるでしょう。

　「探究の対話（p4c）」は，対話を通して深く考える力を養うことを目指しており，これは，主体的・対話的な学びを求められている子どもたちにとって大切な活動となるはずです。

　そこで私たちは，野外活動と「探究の対話（p4c）」を融合させることで，より効果的な取組を生み出すことはできないだろうかと考え，新たな挑戦を試みました。

　このプロジェクトは，国立青少年教育振興機構と宮城教育大学，上廣倫理財団が協働し，「探究の対話（p4c）」と「体験活動」のノウハウを生かし，新たな教育プログラムの開発に取り組むことを目的としています。開発するプログラムは，小・中学校の集団宿泊活動で活用されることも視野に入れ，教科等との位置づけも考慮した学校向けのモデルプログラムとすることも目的です。

　プログラム開発のコンセプトは，体験活動（動）も対話（静）も同じ教育手法と捉え，安心・安全が確保された環境の中で体験活動と対話をバランス良く取り入れたプログラム構成とするということです。また，体験活動で感じたことをテーマに，対話したり，対話したことを体験活動で実践したりしてみることで，様々な事物・事象に対する興味関心を高め，参加者の探究心や知的好奇心をはぐくむこともねらっています。そして，体験活動や対話，集団生活において安心・安全な環境づくりを経験させることで，相手を思いやる心や規範意識等を高め，道徳心の向上につなげる意図もあります。

＝探究心・道徳心の向上

## 1　今回のプログラムの流れ

|  | 1 日目 | 2 日目 | 3 日目 |
|---|---|---|---|
| 午前 | 移動<br>開会式 | 体験活動③<br>（スプーン・フォークづくり）<br>体験活動④（カレーづくり） | 探究の対話③ |
| 午後 | 探究の対話①<br>体験活動①（山形風芋煮体験） | 探究の対話②<br>体験活動⑤（ペアハイキング） | 閉会式<br>移動 |
| 夜間 | 体験活動②（星座観察）<br>入浴・自由時間・就寝 | 体験活動⑥（星さがし）<br>入浴・自由時間・就寝 |  |

## ❷ プログラム企画の意図

今回のキャンプは，p4cを実践している学校の児童生徒を対象として実施しました。p4cの経験を持つ子どもたちですが，学校も年齢も異なる初対面の友だちとの対話は初めてであり，こうしたプログラムを通して，人間関係づくりの経験を積ませるとともに，p4cの良さを改めて体感させたいと考えました。また，小学6年生から中学2年生までという異年齢集団による対話により，学級で普段行ってい

どんなキャンプが始まるのかな

る対話に比べて，考えがいっそう広がったり深まったりすることが期待できると考えました。

もう一つの特徴として，青少年教育施設を利用し，p4cと自然体験活動とを組み合わせることによって，人間的な触れ合いがいっそう深まることが予想されます。それが対話の場面にも良い影響を及ぼし，本音を語りやすい環境づくりにつながると期待されます。2泊3日というゆとりある日程の中で，対話や自然体験活動の時間を十分に確保し，それぞれの活動を充実させるとともに，児童生徒がその手応えをかみしめ，自分自身の成長を自覚することができると考えました。

「探究の対話（p4c）キャンプ in 花山」の趣旨は，「小学生と中学生が，体験活動及び『探究の対話（p4c）』を通じて考えを深め，より良い人間関係づくり，思考力・表現力の育成を図る」というものです。また，「中1ギャップ解消の新たなプログラムの可能性を探る機会とする」でもあります。体験活動におけるプログラム構成の意図は，中1ギャップ解消の新たなプログラムの可能性を探る機会とすることに焦点をあて，2日目の小学生と中学生がペアとなり，自然の中を歩きながら小学生が中学校生活の不安や疑問を中学生に聞けるよう「ペアハイキング」を取り入れたことにあります。

## ❸ 活動の様子

### ＜探究の対話①　中学校生活（その1）＞（1日目）

最初の40分は，自己紹介をしながらコミュニティボールを作りました。互いに初めての顔合わせとあって，声が小さな子どもも多数いました。

その後，「中学校生活」というテーマで1回目の対話を行いました。

どの問いを選ぼうかな？

1班では，「なぜ中学校があるのか？」という問いが選ばれ，2班では，「もし部活動がなかったら？」という問いが，3班では，「中学校でしか学べないことって何だろう？」という問いが選ばれました。

「上下関係などの社会性を学ぶ（1班）」，「さらに知識量を増やす必要がある（1班）」，「先輩などとの交流がなくなる（2班）」，「協調性もあるが，一番は何を学ぶではなく，何を見つけるかだと思った（2班）」「勉強は凄く嫌いだっ

83

たけど，中学校で将来が決まることが分かったので，中学校は大切なところだと改めて思った（3班）」という意見が出されました。

感想としては，「よく分からない。疲れた。」というものがある一方で，「凄く楽しかった。」「こんなに楽しくできたp4cは初めてだった。」というものもありました。

中学生が小学生と一緒に考えている様子が印象的でした。どの班でも中学生が話し，小学生がそれを聞くといった様子でしたが，中学生も真剣に考える様子が見られ，徐々に対話の面白さに引き込まれていきました。

### ＜探究の対話②　中学校生活（その2）＞（2日目）

p4cとペアハイキングを組み合わせた活動を行いました。p4cを実施してからペアハイクに行く班と，ペアハイクから帰ってきたあとp4cを行う班を設定し，その効果などを対比しました。

その結果，最初にp4cを行った班では，深めた対話がそのままペアハイクでの会話にもつながるという効果が見られ，一方の班では，ペアハイクで深めた人間関係によって，その後のp4cでの対話が弾んだという成果が得られました。

p4cに関して，最初の班では，「中学校生活の中で一番大切なことは何か？」という問いが選ばれ，小学生からは，「一生懸命さ」「友だち」「コミュニケーション」などの意見が出されました。中学生からは，「勉強も大切だし，信頼関係づくりが大切」との話が出され，それを聞いていた小学生が，じっと考え込む場面もありました。さらに「友だちって一体何だろう？」という新たな問いにも発展し，対話が行われ，子どもたちはその思いを抱いたまま，ペアハイクに出かけて行きました。

ペアハイクを先に終えた班では，「中学校生活で楽しいことは何か？」という問いが選ばれました。一番話題になったのは，小学生にも中学生にも共通して部活動でした。また，文化祭や運動会などの学校行事に関する意見も多く聞かれました。その中で，「部活動では，辛いことや苦しいこともあるけれど，それを乗り越えた時の達成感がたまらない」といった意見が，特に小学生の心に響いていたようです。また，「友だちと一緒にいること」という意見が膨らんでいき，「学校行事では，みんなで1つの目標に向かって創り上げていく仲間意識の高まりが楽しいのだ」という意見にも，みんな納得していたようでした。

「友だち」って何だろう？

ペアハイキングは，小学生にとって中学校生活の不安解消につながったという声が多く聞かれました。

### ＜探究の対話③　各班の自由テーマによる対話＞（3日目）

第一部では，ファシリテーターもテーマも，子どもたちで決めて対話を行いました。

1班で選ばれた問いは，「もしも勉強がなくなったら」でした。「嬉しいし楽しいが，今の生活がなくなりそうで不安」「食糧難になり戦争が起こる」「医学や技術などが衰退し，人類は滅亡する」などが出されました。問いを出した小学生の感想には「最初は自分の将来のこ

とだけを考えていたけれど，だんだん違う考えに変わっていって面白かった」と書いていました。

2班では，「幸せはお金で買えるか？」という，やはり小学生の問いが選ばれました。対話では「幸せとは何か」とか「幸せとは，人によって違うのではないか」といった意見も出され，考えがいっそう深まっていきました。問いを出した小学生は「お金で買えると思う」と考えていたが，「いろいろな幸せがあって，お金で買える幸せと，友情や絆などお金では買えない幸せがあると思った」という感想を言っていました。

今回のp4cは楽しかったかな？

3班では「明日，自分以外の人が消えるとしたらどうする？」という問いについての対話が始まりました。「自分の好きなことができるから楽しい」という意見が出る一方，「さびしい」「恐ろしい」などという意見も出て，子どもたちは想像を巡らせ，いろいろな考えに浸っているようでした。感想には「想像が広がって面白い」「答えはいっぱいあるということを学んだ」「人によって考えが違ってもいいと思った」などの記述がありました。

どの班にも共通していたのは，「自分たちで決めた問いを話し合えて，楽しかった」「自分から話せるようになった」「今度は別な問いでもっと対話をしてみたい」「機会があれば，またファシリテーターをやってみたい」など，肯定的な感想がほとんどでした。「考えることを楽しむ」というp4c本来のねらいに沿った動きが見られ，p4cの良さを十分に満喫していたように感じました。

最後に4名の児童が閉講式で発表した言葉を紹介します。

○ペアハイクによって，中学校が楽しみになった。p4cでは初対面の友だちとも意見を出し合えて嬉しかった。中学校にいってもみんなと協力して行動したい。
○中学生との対話では，見方が全く違う人もいて，とても考えが深まった。また，ペアハイクでは，中学校生活が見えてきて，不安は半分吹き飛んだ。
○中学生との対話の中で，上下関係など新たな話も出てきたが，他校の人たちとの3日間はとても楽しく，貴重な経験だった。
○最初のp4cでは，みんなビクビクしていたが，体験活動を通して親近感が湧いてきて，その後の対話ではいろいろな考えが出せるようになって良かった。ペアハイクでは，中学生に私的な相談にものってもらって嬉しかった。

## ④ 3日間を通しての感想（参加者より）

○このキャンプを通して学んだことは，意見を出し合うことの楽しさです。僕の小学校では，p4cをすると一部の人からしか意見が出ず，楽しいと思えないこともありましたが，このキャンプのp4cでは全員しっかりと意見を出してくれて，意見に納得したり，「それはどうかな？」という感情が次から次へと湧いてきたりして，みんなと意見を出し合う楽しさが分かりました。また，ハイキングなどで，中学生の方々とも交流をすることで，中学校も楽しみになったし，野外炊事ではチームで団結し，達成感がありました。自分から積

極的に行動する楽しさもp4cを通じて分かりました。本当に勉強になり充実し，楽しめた3日間のキャンプでした。（小学生）

野外炊事でチーム団結！

○このキャンプで学んだことはたくさんありますが，一番は「初対面で，年が違っていてもこんなに仲良くなれる」ということです。今までは，同じクラスであったり，同じ部活であったり，普段から常に一緒にいる人でないと仲良く会話できませんでした。しかし，このキャンプでは，年も学校も違うのに仲良く会話ができました。さらに，野外炊事などでは，「団結した後の達成感」も味わうことができました。また，グループで協力して楽しく会話しながら1つの物を作り上げることの喜びや楽しさを発見できました。自分が成長したと思うことは，初対面の人と話せるようになったことです。今まで以上に相手の心に寄り添えるようになりました。さらに，相手が考えていることを予測し，今自分がやらなければいけないことを考えられるようになりました。このキャンプでは，様々なことを学び，成長できるようになりました。とても充実した3日間でした。（中学生）

## 5 今後の展望

これらの実践を通して，「探究の対話（p4c）」キャンプは，多方面で活用できる可能性が見えてきました。まず，今後ますます多くなると予想される学校の統廃合や，中1ギャップ解消への活用です。統合に当たっては，事前に児童生徒の心の交流が行われ，よりよい学校づくりがスムーズに行われることが大切ですが，児童生徒の心の溝を埋めることはなかなか難しいのが現状です。また，中1ギャップ解消に向けて，小学生が中学校に訪問したり，中学校の先生が小学校へ出前授業に出向いたりと各学校独自に工夫していますが，児童生徒の心の面からみると，まだまだ不安があるという声が多く聞かれます。これらの解決に，探究の対話と体験活動を組み合わせた，このプログラムが生かせるのではないでしょうか。児童生徒は，一緒に野外活動などの体験活動をすることにより，お互いを知り合い，安心感が生まれ，対話の中でも本音で話し合うことができます。このことにより，種々の課題や不安が，大分解消されると考えています。児童生徒に自己肯定感や相手を思いやる心が生まれ，楽しい学校生活が広がってほしいものです。

# 児童館における親子の実践

　2013年12月，ハワイからトーマス・ジャクソン教授が来日されたとき，p4cの実践の場を広げようと学校以外の場所で実践を行いました。

　趣旨に賛同してくれた仙台市東四郎丸児童館（小岩孝子館長）で，児童館に通う子どもたちと保護者が一緒にp4cを体験しました。近隣の小学校からも先生方が参加してくれたこともあり，子どもたちも楽しく対話を経験できました。

歓迎の看板

お母さんも一緒に

学校の先生も参加してくれました

ジャクソン先生を囲んでパチリ！

p4cの説明をする豊田先生とジャクソン先生

みんな楽しかったんですね

# 仮設住宅の子どもたちとの実践

　宮城教育大学で，p4cを取り入れようとした原点は，東日本大震災で被災した子どもたちの心のケアに役立たせたいという思いにありました。

　教育復興支援センター（当時）が支援をしていた施設にみなし仮設がありました。仮設住宅ではなく，民間の施設を借り上げたもので，そこでは被災した子どもたちも生活をしていました。

　トーマス・ジャクソン教授を被災地に案内した際，子どもたちにp4cを伝えようと地域の公民館で実践を行いました。子どもたちに加え，保護者や地域の大人たちも一緒に加わって対話を行いました。

　一見元気そうに見える子どもたちでしたが，落ち着きがない様子から，小さいながらも抱えているものの大きさを垣間見る思いでした。

p4cを初めて体験する子どもたち

ジャクソン先生に引き込まれる子どもたち

仮設住宅の現状を話す参加者

慰霊塔をお参りするハワイの教師たち

# 地域（まちづくり）に生かす実践

　自分たちが出会った p4c を，さらに多様な場で生かすことはできないかと考え，様々なアプローチを行いました。

　これもその一つで，仙台市北部の住宅団地（加茂団地）において地域の方々を集めて，p4c の説明会と体験を行いました。

　実は，この地区にある小学校では（仙台市立加茂小学校），p4c を取り入れた実践を行っており，保護者の中には興味をもってくださる方もいました。

　そこで，子どもたちが学校で取り組んでいる p4c を自ら体験してもらうことで，活動への理解も深まり協力も得られるだろうと考えました。参加者は多くはなかったのですが，地域の町内会の集まりで使ったら良いのではないかとか，高齢者の方々の集まりでも使えるのではないかなど，より関心を深めた方もいました。

　学校でも，地域でも，p4c に取り組むことで，子どもも大人も理解を深め，ひいては魅力あるまちづくりにつながっていくのではないかと考えました。

　今後も，機会を見つけて理解を深める場を設けていきたいと思っています。

　地域総ぐるみで p4c を実践し，互いを認め合い，信頼し合える人間関係を構築できれば，誰もが心豊かに暮らしていける素敵なまちができるはずです。

p4c の説明を聞く参加者

ボールづくりを見る

毛糸を巻きながら自己紹介

興味深いまなざし

# ジュニアリーダーとの実践

　中学生・高校生のボランティアとしてジュニアリーダー活動があります。宮城が発祥の地ということもあり，今も盛んな活動がなされています。

　彼らのお世話をしている社会教育施設の職員のアイデアで，p4cを体験する場を設けました。日頃から活発に活動する生徒たちですが，異年齢集団での話合い活動の難しさを感じているとのことでした。

　体験した後の感想では，「これは使える」というものでした。学校以外でも実践される意義も大きいと感じています。

例会で意見が出ない悩みを語る

異年齢集団の難しさを語る

初めて経験するp4c

話す楽しさを感じて

問いを選ぶジュニアたち

参加者全員でパチリ！

# ハワイの子どもたちとの実践

　上廣倫理財団では，毎年，日本の教員をハワイへ派遣する事業を行っております。現在はもっぱら p4c に取り組む教員を支援していただいていますが，ハワイの p4c を見学したり，ハワイの子どもたちを相手に実践をしたりしています。

　ハワイ独特の風土や文化がありますが，p4c の原点を目の当たりにできる経験は，大変貴重なものになっています。

　ハワイと宮城の絆をしっかりと深めながら子どもたちの豊かな未来を創造するために，共に努力していきたいと思います。

高校生と p4c をする見上学長

ワイキキ小のイバー校長

ハワイの子どもたちと p4c!

今日の問いを選ぶ子どもたち

自分の考えを書き込む子どもたち

友だちの立てた問いを読む子ども

# 「大人の p4c」 〜テニスコーチたちの挑戦〜

オレンジフィールドテニススクール　代表　**横田 悦子**

「大人の p4c」をテニスコーチたちでできないかなと思い，取り組み始めたのは 2014 年です。

実践を始めると社内の空気が変わりました。毎年実施しているパーソナリティー診断での数値は各項目で格段に上がりました。共に育つ組織の再構築に p4c が確実に役立ったという事実をご報告いたします。教育を社会ぐるみで推進しようとする今，土台を支える人たちが少しずつでも「p4c」に触れ，取組を実践することが世代間ギャップを乗り越える助けとなり，これからの子どもたちを育てる土台作りの一助になるのではないでしょうか。

土曜日，レッスン後に声をかけたらあっという間に笑顔の大集合

### ①疲弊するコーチたちに「p4c」を！

オレンジフィールドテニススクールでは，幼稚園児から成人の方々に 38 年間テニスの魅力を伝え続けています。20 代から 50 代のコーチたちは教えるためのスキルを上げ，自らのテニス技能を向上させる努力を重ねています。専門職としてのプライドと自分の打ち立ててきた戦歴や成果が彼らを支えています。

しかし，この歩み方やスキルだけでは，今を生きている子どもたちに伝わらない現実があります。結果が出ないとすぐに諦める子ども。結果にだけこだわる子。伸びるチャンスに厳しく教えただけで心が折れる子ども，脱落してしまう子ども。うちの子をもっと伸ばしてほしいと親から要望されるコーチたち。コーチたちはお笑い芸人の真似をしたり，ゲーム感覚を取り入れたり，目標を設定したりと思いつく限りの手を打ってきました。それでもテニスを止めてしまう子どもがいます。

自信をなくすコーチ，迷いが生じるコーチたち。これでいいのか，これがテニスの魅力を伝えることなのか。疲弊するコーチたち。共にレッスンを支えてきたフロントスタッフは，自身の子育てを振り返りコーチに投げかけます。「コーチは本当の子どもの心に触れているのか」，「心から導き，支えているのだろうか」と。私はコーチたち自身が，様々な考えや思いにもっと出会って，聴き合う対話が必要だと感じました。そして，p4c でコーチに深く考え続けてほしいと願いました。

### ②オレンジフィールドの p4c の実践

年功序列や体育会系の人間関係からの脱却を図り，深い探究のできるチームになるまでを 4 つの段階として，状況に応じ時間をかけて実践しています。

**一段階**　体育会系の上下関係を超え安心して自分の考えを発言できる環境づくり

**二段階** 対話する楽しさを感じ，セーフティの大切さを実感できる
**三段階** 答えのない問いに気付き，様々な考え・思いに出会い，聴き合う対話をする
**四段階** 深い探究のできる段階

**主な研修記録**
2014年6月 　指導者：ハワイ大学上廣アカデミー Dr. アンバー
　　　　　　　課題：試合に勝つにはどうしたら良いのか
2014年6月 　指導者：豊田光世先生
2014年8月 　ハワイ研修に横田悦子参加
2015年1月 　ハワイプナホテニススクールにて代表4名研修で現地コーチと p4c 実践
2015年5月 　指導者：オレンジフィールド代表横田悦子
　　　　　　　課題：ゲストにとって楽しいって何
2015年6月 　指導者：ハワイ大学上廣アカデミー Dr. チャド
　　　　　　　課題：なぜテニスコートは色々な種類があるのか
2017年5月 　指導者：オレンジフィールド代表横田悦子
　　　　　　　課題：一人でいる時何をしている
2017年6月 　指導者：オレンジフィールド代表横田悦子
　　　　　　　課題：秘密にしていること
　　　　　　　※2014年〜ミーティング中に時々短い p4c を実践

2014年　初めてのオレンジフィールド p4c

思いを語るテニスコーチたち

**実践後の感想**
・色々な意見や見方があって自分の考えにプラスになります。人数が多すぎると難しいと感じました。少人数がいいと思います。
・思っていることを上手に言えないタイプの私ですが，テニスを知らない人の話を聞けて斬新でした。違う角度から見ることができてよかった。否定されないので安心を感じました。
・テニス以外のテーマを皆で対話してみたい。否定されないので発言は自分の思いを伝わるまでゆっくり言えば良いし，回数を重ねると安心感も増して，話しているうちに変わっていく自分の考えをその都度言えるようになると思う。
・自分の思いを言葉に出すことは難しいです。とっさに思い浮かんだことを上手に言えなくて苦手です。
・相手の考えを知ったり，自分が何を考えているかを言ったりすることは楽しいです。

・p4c が自分なりの答えを出すために対話していると分かっているので，言いたくてウズウズしてしまいます。
・p4c の目的を考えていました。人数が多いと発言のタイミングが難しいです。

### ③「オレンジフィールド p4c」導入と同時に行った 3 つの変革

　p4c を導入した 2014 年に行った，コーチたちのパーソナリティ診断の結果は，通常では考えられないほどの低いものだったのです。特にメンタリティ分析でのストレス耐性や感情コントロール，ポジティブ性の数値が低く，リーダーシップ資質も低い状態でした。社労士の先生から，これらは専門性の高いコーチ職にあるために，一般的な社会人としての経験が少ないこともその要因ではないかとのご指摘がありました。そこで組織としての共通のゴールである経営理念をはっきり示し，下記にあるようなさまざまな面での見直しや充実を図りました。

《コミュニケーションの変革》
　　・会議の司会を輪番制にして一人一人の参画意識を高める
　　・否定的な発言から提案型発言への転換
　　・その場にいるだけの会議から全員が自ら発言する会議に変容させる
《評価と成長支援の変革》
　　・自分の成長が実感できる評価システムの導入と支援体制の充実
　　・全国的なシェアを持つパーソナリティ診断を年間 1 回実行
　　・社員研修の充実
《組織運営の変革》
　　・達成感のある組織運営
　　・PDCF（プラン・実行・チェック・フィードバック）の推進
　　・スタッフが提案して設定する目標
　　・イベント企画はスタッフからの提案を重視して進める

### ④劇的に変化していくパーソナリティー診断結果

　いよいよ始まった「オレンジフィールド　p4c」。コミュニティボール作り，自己紹介，テーマ決めと進みました。ハワイからの講師の先生との対話では，英語にドキドキ。コーチ以外の多くの方々の考えを聞くチャンスもあり，第一回目から驚きの連続です。このような体験をしたコーチたちがどのように変化したのでしょうか。

　まずは，自己肯定感を表すメンタリティ分析のポジティブ性の変化に着目しました。ポジティブ性とはマイナスの感情を引きずらずに前向きに考える力を示す項目です。コーチ 5 名の 3 年間の変化を示した（表 1）では，年を重ねるごとに数値が全体に上がっています。「p4c」導入後，コーチたちの発言も増え，会議全体の雰囲気が変わり肯定的な発言が増え，会議の内容や企画の内容が充実しました。日常の会話も受容的になりました。

　リーダーシップ資質分析の目標達成行動にも面白い変化がありました。（表 2）リーダーシップ資質とは，職場でリーダーシップをとっていく潜在的な資質について，率先して目標達成に向かう行動の評点から分析します。2014 年には全体に低い様子でしたが，「p4c」導入の 2015 年から 4 名の数値が一気に上がりました。これはほぼ全員の意識が急激に向上したことを示しています。実際に全員の行動が積極的になりました。各イベントに明確な目標を設定し，達成に向けた積極的な姿勢が随所に見られます。自己有用感が高まっている

様子が見られます。

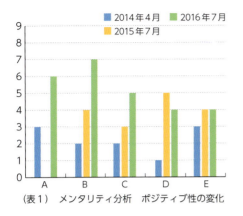
（表1）メンタリティ分析　ポジティブ性の変化

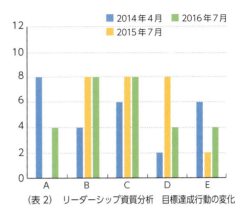
（表2）リーダーシップ資質分析　目標達成行動の変化

　この二つの表には初回の「p4c」だけ参加したEコーチの結果も入っています。Eコーチは会議や企画会議には参加しないで、レッスン業務のみを行う契約です。第二回目のp4cから参加していません。高評価だったリーダーシップ資質の目標達成能力が急激に低下したままなのは残念な結果です。一緒に働くコーチですが、「p4c」との関わりの有無が数値に反映している結果とも受け取れます。

### ⑤まとめ

　「p4c」を実践し、ポジティブ性が格段に向上したコーチたちは、2016年全国実業団テニストーナメントに出場したいという提案をミーティングで可決しました。結果は、初出場ながら宮城大会・東北大会で勝ち抜いて優勝し、広島で開催された全国大会での東北代表となり貴重な戦歴を残しました。数年前には考えられなかった大きな変化です。

実業団テニストーナメント全国大会出場を果たしたコーチたち

　2014年から4年間、「大人のp4c」は機会をつくり本当にゆっくり進んできました。そして、素敵なことに初めて参加する新人も驚きながらも興味津々です。毎週のミーティングでの笑い声が増え、皆楽しそうです。これからもこの歩みを続け、民間企業でできるわくわく「p4c」に皆で挑戦していきます。いつか社会に役立つ日が来ることを心から祈りながら…。

世界に羽ばたくテニスプレーヤーを目指して

未来を担う子どもたちのために

## コラム③
## 宮城で「探究の対話(p4c)」に取り組む意義

仙台市立桂小学校　校長　髙橋 隆子

### 1　震災を体験した子どもたちの心に触れて

　未曾有の悲劇をもたらした東日本大震災から半年後，仙台市国語教育研究部会は，例年どおりに「作文宮城」編集のための作品を募集しました。世界や全国各地から支援の手が差し伸べられ，がれきの撤去に始まる復旧・再生に向けた懸命な努力が続く中にあって，県内から寄せられた作品は，どの学年にも震災体験を綴ったものであふれていました。そして，審査にあたった教師たちは，鉛筆で綴られた文字を一つ一つたどりながら涙して読みましたが、私もその一人でした。

特別に編集した作文集

　あまりにも重い体験をした子どもたちが，見たこと，聞いたこと全てを自分の言葉で綴った作品は，悲しく切ない内容のものばかりでした。しかし，その苦しさの中にも，事実をまっすぐに受け止め，顔を上げて自分の力で歩み出そうとする姿が作品に記されていました。「子どもはすごい。無慈悲な力に屈せず，未来を見つめている。生き抜こうとする真の力を持っている。」審査にあたった教師たちは，被災した子どもたちから勇気づけられ，教えられ，「強く生きるのだ」というメッセージをもらいました。同時に『震災を体験した教師の使命は何なのか』を突きつけられた気がしました。

　仙台市内においては，地域によって当然被災の度合いは違っていました。自分の生活に震災の切実感がない子どもたち。ごく当たり前のことが当たり前にできるということに感謝する気持ちが薄れている子どもたち。一方で，沿岸部では，よその学校に通い，仮設住宅での不自由な生活を強いられていたのです。震災の影響を心配している子どもたちの思いに寄り添い，心結ぶ未来社会を構築するためには，全ての子どもたちがそれぞれに手を取り支え合っていく必要があります。そのために，互いの思いを聞き入れることのできる子どもに，互いの気持ちを想像できる子どもに，互いの立場を尊重できる子どもに育てたい，それが，震災後から心に決めていた私の考えでした。

### 2　学校教育で，人としての本質的な「思考力・探究心」を育むために

　あの震災で私の価値観は大きく変わりました。さらに，荒浜小での支援作業，7か月間にわたる隣接校との共同生活，「作文宮城」の編集等を通して『震災を体験した教師の使命』は，子どもたちに，「命を大切にし，仲間を思いやり，自分から社会に関わろうとする力を身に付けさせること」であると確信しました。

　社会と関わる，人と関わる，相手とつながるためには，まず「私」がなければなりません。明確な「私」を創る基盤は，「人としてどう生きるか」を自分に問い続けることにあります。でも，学校は，人としての本質的な「生きる力」を子どもたちに育んでいるでしょうか。問題意識を持ったまま，校長として赴任した八本松小学校で，そのことを自分自身に問い続けることになりました。

　2013年の夏，私は「探究の対話（p4c）」と出会いました。「p4c」は「生き方教育」を指導する手法の一つとして開発できるのではないかと強く感じました。参加者が公平な立場（セーフティ）を保ちながら対話を通して探究するスタイルは，学校教育で思考力・探究心を育みたいと考えていた私にとって，真の教育になり得るのではないかという希望の見える出会いとなりました。

　この4年間，「p4c」の実践を積み重ねて見えてきたことは，心の奥に教育に対する熱い思いを持っている教師が多いという事実です。学ぶ意欲のある教師集団に期待を持ち，思考力・探究心を育む授業改善を前進させることが，宮城県の学力向上につながるものと信じています。これからも宮城の子どもたちの心に寄り添い，教員同士で学び合うコミュニティをつくりながら，「探究の対話」に関する研究を深めていきたいと思います。

# 広がりを目指して

# 第1回 考え，議論する道徳フォーラム

　平成29年3月，新しい学習指導要領が告示されました。道徳は既に，平成27年3月に行われた学習指導要領の一部改正により，「特別の教科　道徳」になることが決定しています。平成28年度の「探究の対話（p4c）」の授業実践には，質的転換が強く求められる道徳に係る実践が多く見られ，道徳での新しい活用の手応えを大きく感じることができました。また，その取組の一部は，東京で開催された「第1回　考え，議論する道徳フォーラム」で全国に紹介されました。

## ◎ 中央教育審議会答申から

　昨年12月21日に発表された中央教育審議会答申の「第2部　第2章　15.道徳教育」には，「『特別の教科』化は，多様な価値観の，時には対立がある場合を含めて，誠実にそれらの価値に向き合い，道徳としての問題を考え続ける姿勢こそ道徳教育で養うべき基本的資質であるという認識に立ち，発達の段階に応じ，答えが一つではない道徳的な課題を一人一人の児童生徒が自分自身の問題と捉え，向き合う『考え，議論する道徳』への転換を図るものである」とし，今後の道徳が目指す方向性を示しました。さらに，今回の改訂の目玉の一つであるアクティブ・ラーニングの視点と道徳教育との関連についても，「他者と共によりよく生きるための基盤となる道徳性を育むため，（同様に）『考え，議論する道徳』を実現することが，『主体的・対話的で深い学び』を実現することになると考えられる」と言及しています。このことは，まさにp4cの目指すものと合致するものです。

案内チラシ

## ◎「第1回　考え，議論する道徳フォーラム」での発表資料から

　平成28年7月，東京において文部科学省委託事業である公開討論会の分科会において，仙台市立八本松小研究グループ（髙橋隆子前校長他2名）が，平成27年度の実践研究「子どもの『問い』による『探究の対話』で学ぶ」と題して，研究発表を行いました。
　第6学年の児童に，内容項目：生命の尊さ（D-19），よりよく生きる喜び（D-22）を取り上げ，「探究の対話」を通して生命のかけがえのなさへの理解を深め，よりよく生きようとする心情を育てることをねらいに行った実践研究です。
　「考え，議論する道徳」を実現する工夫として，次の3点を示しました。

### ① 「探究の対話」と資料の位置づけ（道徳の授業バリエーションⅢ）

本時は，「『私たちの道徳』による事前学習→『探究の対話』→資料『お母さんへの手紙』を読む→まとめを書く」という流れです。「探究の対話」に入る前に「生命の尊重」について全員で問いを立てる。この段階で，すでに自己内対話は始まっています。次に，その中から第一の問いを決定し，問いに対する自分の考えを書かせておきます。道徳指導の多くは，資料の読み取りが中心ですが，本実践では，子どもが出した問いによる「探究の対話」に主眼を置きます。主題について十分に対話をした後に，資料を読むことで，新たな視点を見いだし，さらに考えを深め，自分の問いを確認し，自己解決に向かうことが可能となります。

### ② 「探究の対話」を活用した問題解決的な学習

自分たちで問いを立て「探究の対話」で本音を語ることの良さを実感している子どもたちは，「生きることはなぜ素晴らしいのか」「生きていて嫌になるのはどんなときか」「命はなぜ大切なのか」「命を大切にするとはどういうことなのか」などについて友だちと円座になって話し合う「探究の対話（p4c）」をしたいと考えています。

本時では，子どもの立てた第一の問いについて「探究の対話のルール」に沿って話し合い，教師の判断で第二の問いを提示します。第二の問いは，対話をより深めるための問いであり，子どもから事前に出された問いの中から選択するか，対話の流れから教師が必要であると考えた問いを提示します。

### ③ ルールに守られた安心の中での対話

子どもたちは，相手の考えを決して否定しないというルールによって保障されたセーフティの中で，対話を通して自己解決していきます。「対話によって多様な考えを知り，自己内対話をする」ことを繰り返していくことで本時のねらいにせまることができます。相手の考えを受け止め，疑問に思ったことは発言したり，質問したりします。激しい議論のやりとりではないが，深い自己葛藤の表出でもあります。セーフティの中で生まれる多様な考えは，新しい見方として取り込まれるもので，互いの自己肯定感につながり，これは自己解決から道徳的実践力へと移行していく際の道標となります。

---

### 分科会〈敬称略〉

#### 1 考えたくなる【問い】を創る

| | | |
|---|---|---|
| 13:00〜 | ■司会・ファシリテーター | 鈴木明雄（東京都北区立飛鳥中学校） |
| 13:05〜 | ①子どもが考えたい「問い」でアクティブに学ぶ | 竹井秀文（名古屋市立下志段味小学校） |
| 13:30〜 | ②子どもの「問い」による「探求の対話」で学ぶ | 砂金みどり（仙台市立八本松小学校） |
| 13:55〜14:20 | ③学習課題を追求し，体験的に学ぶ | 浅見哲也（深谷市立藤沢小学校） |

この発表は，5つある分科会の中心となる「第1分科会　考えたくなる【問い】を創る」の3つの発表の中の一つであり，全体の参加者550名のうち約300名が参加した分科会で行われました。発表後の質疑応答の約9割が八本松小研究グループに寄せられ，「探究の対話（p4c）」への関心の高さを伺い知ることができました。

こうした反響の大きさから，道徳の授業に「探究の対話（p4c）」を取り入れる手立てとなる方法などについて解説したガイドブックの製作を進めています。私たちの使命を強く感じさせられたフォーラムになりました。

# 探究の対話（p4c）国際交流セミナー

　p4cハワイの活動が，ハワイ大学アカデミーの先生方によって，宮城県の公立の小中学校で初めて紹介されたのは，今から4年前のことになります。

　その後，公益財団法人上廣倫理財団の事業で，毎年6月にハワイ大学アカデミーの研究者やハワイの教員が来日し，仙台市や白石市などの小・中・高校との実践交流を行っています。この交流を通して，教育現場における効果や可能性も見えてきたところです。

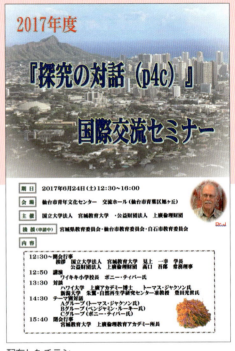

配布したチラシ

宮城教育大学　見上学長の主催者挨拶

　今回の国際交流セミナーは，この事業が10周年を迎えることを記念して，交流事業期間中の6月24日に仙台市青年文化センターで開催されたものです。

　p4cハワイの創始者でもあり，私たちが取り組む「探究の対話(p4c)」の原型を開発されたハワイ大学のトーマス・ジャクソン博士が特別に来日され，豊田光世新潟大学准教授との掛け合いの形式で講演を行いました。子どもから大人まで，誰からも慕われ，信頼されているお人柄を感じさせるような楽しく，興味深い講演でした。

　その中で，「p4cは子どもたちのワンダーを，『問い』として表現することから始まり，みんなで一緒に考えたい『問い』を共有するところから探究の対話が始まります。」とお話しされました。さらに「学校教育で求められてきたのは，問いに対して予め答えが決まっているもの，例えて言えば自動販売機型思考です。そして，多くの場合，教師が問いを用意し，児童生徒は正しい解答を示すことが求められました。」と続けられました。ユーモアを交えられ，思わず笑ってしまいながらも深

ジャクソン先生の記念講演

く，示唆に富んだお話に，どんどん引き込まれていきました。

「p4cはワンダーに深く根ざした探究を目指しています」「探究で生徒や教師の学び方や考え方が変わります。自分自身，そして他者との関わり方が変わります」という言葉が心に残りました。

トーマス・ジャクソン博士やハワイ大学上廣アカデミーの研究者たちと共に，10年以上もの間p4cに取り組んできたワイキキ小学校のボニー・テイバー校長からのビデオメッセージも紹介されました。内容を紹介します。

ワイキキ小学校テイバー校長のビデオメッセージ

「ワイキキ小学校のビジョンは，深い思いやりをもった児童を育て，より平和な世界の実現に寄与することです。このビジョンを実現させるためにp4cは人々の対話の場を提供しています。

この教育がワイキキ小学校で展開するきっかけを作ってくれたのは，ハワイ大学でジャクソン教授の授業を受けた一人の教師でした。生徒は学習者として，そして考える者として，p4cで力を高めていきます。お互いのアイデアを尊重し，意思決定のための平和的手段として協力的なプロセスを評価することを学びます。これらの目標は，正にワイキキ小学校を卒業する児童たちに培ってほしい力なのです。」

このメッセージから，ワイキキ小学校でp4cを取り入れたのは，学校の目指すべき方向と合致していたからということが分かりました。ワイキキ小学校では，意図したわけではないのに，副産物として児童の学力が向上し，ハワイ州を代表する優秀教員を輩出しているというお話もありました。

とても示唆に富んだ内容でした。

さらに，ハワイから来日している交流事業のメンバーやトーマス・ジャクソン博士を交えて，参会者が3グループに分かれてのp4cセッションを体験しました。3つのテーマに分かれて対話を行いましたが，「探究の対話」の教育における可能性や，告示された新学習指導要領が目指すものとの関わりを共に考えました。

100名近い参会者があり，好評のうちにセミナーを終えることができましたが，私たちにとっても意義深い時間となりました。

熱心に語り合う参加者

グループに分かれてのp4c

# 仙台市教育課題研究発表会

　平成26年度から,「探究の対話(p4c)」の教育実践が本格的にスタートしました。宮城教育大学教育復興支援センター（当時）を中心に,仙台市内の小・中学校で広がっている実践をまとめ,これまでに明らかになった成果と今後の課題について,多くの教育関係者に知っていただきたいと考えました。そこで,仙台市が毎年開催している仙台市教育課題研究発表会において,それぞれの取組を発表することになりました。平成26年12月25日に開催された第40回仙台市教育課題研究発表会では,小中学校3校から,5本の研究発表が行われました。

　会場となった第8分科会には,約70名の参加者がおりましたが,各校の発表に興味深く耳を傾け,新しい教育活動の取組に強い関心を持ったようでした。

　また,この研究発表会にはハワイ大学のトーマス・ジャクソン教授も会場を訪れたこともあり,各学校の実践発表を聞いてくれました。会場担当の指導主事のはからいで,感想を発表する機会が与えられ,ユーモアを交えた話に,参加者も和やかな雰囲気で聞き入っていました。

　この日に発表された内容は下記の通りです。

① 「互いを認め合い考える力を深める学級づくり」
　〜対話により,聞く力・考える力の向上を目指す一試み〜

《第1会場：仙台市教育センター　第1〜11分科会》

《日程》

| 時程 | 第1〜11分科会 |
|---|---|
| 9:30 〜 9:50 | 受付 |
| 9:50 〜 9:55 | 準備・移動（5分） |
| 発表I 10:00 〜 10:40 | ①・② |
| 10:40 〜 10:55 | 質疑・応答 |
| 10:55 〜 11:10 | 休憩・移動（15分） |
| 発表II 11:10 〜 11:50 | ①・② |
| 11:50 〜 12:05 | 質疑・応答 |
| 12:05 〜 13:30 | 昼食・休憩（85分） |
| 発表III 13:30 〜 14:10 | ①・② |
| 14:10 〜 14:25 | 質疑・応答 |
| 14:25 〜 14:40 | 休憩・移動（15分） |
| 発表IV 14:40 〜 15:20 | ①・② |
| 15:20 〜 15:35 | 質疑・応答 |
| 15:40 | 分科会ごとに閉会・解散 |

《第2会場：東二番丁小学校　第12〜13分科会》

《日程》

| 時程 | 第12〜13分科会 |
|---|---|
| 9:30 〜 9:50 | 受付 |
| 9:50 〜 9:55 | 準備・移動（5分） |
| 発表I 10:00 〜 10:45 | ①・②・③ |
| 10:45 〜 11:00 | 質疑・応答 |
| 11:00 〜 11:10 | 休憩・移動（10分） |
| 発表II 11:10 〜 11:55 | ①・②・③ |
| 11:55 〜 12:10 | 質疑・応答 |
| 12:10 〜 13:30 | 昼食・休憩（80分） |
| 発表III 13:30 〜 14:15 | ①・②・③ |
| 14:15 〜 14:30 | 質疑・応答 |
| 14:30 〜 14:40 | 休憩・移動（10分） |
| 発表IV 14:40 〜 15:25 | ①・②・③ |
| 15:25 〜 15:40 | 質疑・応答 |
| 15:40 | 分科会ごとに閉会・解散 |

仙台市立加茂小学校の発表

感想を話すトーマス・ジャクソン教授

② 「p4cの手法を取り入れた重点目標実現の取組」
　　～ハワイ・ワイキキ小学校などの視察の報告と本校のp4cの実践～
　　　　　　　　　　　　　　　　　　　　　　　　　　仙台市立茂庭台小学校

③ 「対話による,考える力の向上を目指す試み」
　　～p4cによる手法を取り入れた重点目標実現の取組～
　　　　　　　　　　　　　　　　　　　　　　　　　　仙台市立茂庭台小学校

仙台市立茂庭台小学校の発表

トーマス・ジャクソン教授と記念撮影

④国語科・道徳におけるp4c（探究の対話）の活用
　　　　　　　　　　　　　　　　　　　　　　　　　　仙台市立八本松小学校

⑤中学生とp4c
　　　　　　　　　　　　　　　　　　　　　　　　　　仙台市立八木山中学校

トーマス・ジャクソン教授と談笑する参加者

仙台市立八本松小学校の発表

# 4 探究の対話（p4c）フォーラム

　2013年に始まった「探究の対話（p4c）」の活動は，宮城教育大学教育復興支援センター（当時）を中心に，仙台市や白石市の小・中学校に着実に広がっていきました。そうした実践の成果や取組の有効性を，共有し広く発信する場として，フォーラムを開催してきました。ここでは，2015年・2016年に，国立大学法人宮城教育大学と公益財団法人上廣倫理財団が主催したフォーラムについて紹介いたします。

## ①第1回p4c国際フォーラムin仙台から

　2015年10月18日，仙台市博物館を会場に，p4cを通してこれからの教育を考える「第1回p4c国際フォーラムin仙台」を開催しました。県内外から200名近くの方々に参加いただきました。ご来賓として宮城県教育委員会・仙台市教育委員会からもご臨席いただき，上廣倫理財団丸山登事務局長の主催者挨拶のあと，宮城県教育委員会教育長・高橋仁氏（桂島義務教育課長代読）からはご祝辞もいただきました。

主催者挨拶・上廣倫理財団　丸山登事務局長

　フォーラムでは，当時，学習指導要領の改訂作業の中核を担っていらっしゃった文部科学省初等中等教育局教育課程課教育課程企画室の大杉住子室長に，「新たな教育の創造」というテーマで基調講演をいただきました。その中では，「道徳の教科化などを議論した際に『p4c』について知りましたが，仙台・宮城でこれほど広がっていることに驚きました。国が目指している姿と『p4c』が多くの部分で共通していることを皆さんに認識していただき，さらに実践を深めてもらいたいと思います。また，『アクティブ・ラーニング』の視点から授業改善を図るとき，子どもたちが自ら問いを探し，解決していくプロセスの中で，深い学びが実現できるかどうかが重要です。主体的な学

祝辞を代読する桂島義務教育課長

び，対話的な学びの過程が実現できるかどうかを重視していきたいと考えています。」と話してくださいました。会場には多くの教育関係者が参加していましたが，これから目指していく教育の方向性と合致していることを明言していただいたことは，とても意義深いことでした。

　続いて，宮城教育大学教育復興支援センター・上廣倫理哲学教育研究室（当時）の庄子修特任教授が実践報告を行いました。期待される効果として，「教師からの問い」ではなく「子どもの問い」を重視することから子どもがより主体的に学ぶことができる点や，「対話による探究」という学びを経験することから協働的な学びの楽しさを感じるようになることなどを報告しました。また，私たちが最も大切にしてきたセーフティ（集団内の信頼関係）が確保されれば生徒指導上の課題解決が一挙に進むということも話しました。

ステージ上でp4cを行う中学生

仙台・宮城でp4cの実践が始まった頃からのメンバーで，八本松小学校の砂金みどり教諭が，これまでの授業実践について報告しました。国語や道徳に取り入れた実践を重ねていましたが，最も重視してきたのは子どもから出された問いをもとに対話することとセーフティだという話でした。そして，教師は，子どもと向き合う覚悟を持たなければならないが，向き合うとは対話をすることであり，p4cを通して取り組んでいきたいという言葉で報告を閉じました。

次に，ステージ上で，中学生によるp4cのセッションが行われました。登壇したのは，仙台市内の中学生たちで，小学6年生時代に砂金先生のクラスでp4cを楽しんできた生徒たちでした。

生徒たちが考えた問いは「自由とは何か？」でした。
「自由とは誰にも縛られず勝手に行動できること。」「周りに迷惑をかけることは自由ではない。」
「平和があるからこそ自由がある。戦争があったら我慢しなくてはならない。」
「自分の意思を持ち他人に迷惑をかけずに行動できること。」などの考えが述べられました。
その後，自分が自由でないと感じるのはどんな時，という投げかけに対して，
「親の都合でやりたいことを変えられるとき。」
「親に縛られるとき。将来を考えてくれるのはいいけど，すべて役立つわけではないから。」
などが出されました。

限られた時間でしたが活発に対話が進み，会場の方たちも思わず引き込まれていました。最後に振り返りを行いましたが，自分の考えを話せた（80％），友だちの考えを理解できた（100％），p4cをやってよかった（100％）という結果でした。

もりあがるパネルディスカッション

最後にパネルディスカッションを行いました。パネラーは，はるばる本場ハワイアカデミーから来日してくれたベンジャミン・ルーキー副所長や，日本でp4cの普及に力を注いでこられた新潟大学の豊田光世准教授，宮城教育大学の田端健人教授，仙台市立八本松小学校髙橋隆子校長（当時），白石市立白石第二小学校半沢芳典校長（当時）。そしてステージ上でp4cを披露してくれた生徒の代表にも参加してもらいました。

「p4cを経験してどのように変わりましたか？」という質問に対して，生徒の代表からは，
「あまり話したことのない友だちの考えや思いを知ることができたし，『嘘で人を守ることはできても自分を守ることはできない』といった心に残る言葉とたくさん出会いました。」
「自分の考えを他の人に聞いてもらえることです。自分を表に出すことは恥ずかしいことではないと感じました。」

堂々と意見を話す中学生代表

「なぜだろうと深く疑問を持てるようになり，世界を見る目が変わりました。」
「人前で堂々と意見を言えるようになりました。p4cの大切さをみんなにも感じてほしいです。」
といった発言がありました。子どもたちの経験を通した話は，聞いている者の心に強く響きました。

ベンジャミン副所長からは，「ハワイではp4cを続けるにしたがって，子どもたちの中からリーダー的な存在が生まれてきます。このお二人の生徒のように周りを引っ張っていく人が出てくるのは本当に嬉しいことです。」という言葉をいただきました。

髙橋校長からは，「p4cのエッセンスであるセーフティは，ただの安心感ではなく，知的な安全性だと思います。このセーフティによって，子どもたちの中に多様性を尊重する態度が育っています。私たちの学校では，対話で学ぶ，深めて学ぶ，主体的に学ぶ，この三本柱を基本に実践していきます。」という話がありました。

半沢校長からは，「どの学校でも課題を抱えていますが，学級が子どもたちの心の居場所になることを目指して取り入れたのがp4cでした。p4cを続けられる体制を残していきながら，様々な教育課題を解決するためにも実践者を増やしていきたい。」という話がありました。

田端教授からは，「p4cは，学級の人間関係がセーフティネットになって子どもを支えます。そのネットが学級の風土となり，心理療法的な効果を発揮するように思います。現場の先生方と協力しながら日本独自のp4cを探究しつつ，中高での実践を広げたいですね。ファシリテーターとしての自分の成長も目指したいと思います。」という話がありました。

豊田准教授からは，「先生にとってのセーフティもとても大切です。普通の授業との違いは，先生も一探究者として輪の中に座って一緒に考えることが重要です。それがなければ，子どものセーフティを確保できません。」と話してくれました。そして，最後に，「仙台や白石など地域レベルでp4cを実践しているのは，

反響の大きかった報告書

日本でも宮城が初めてです。教育にとって地域性はとても大切です。仙台，白石のように，全国にp4cのコミュニティが育っていけるようにお手伝いできたらいいなと思っています。」という言葉で締めくくりました。

## ②第2回探究の対話（p4c）フォーラム in 仙台から

平成28年12月3日には，第2回目となる「探究の対話(p4c)」フォーラムを開催いたしました。今回は，道徳の教科化や学習指導要領の改訂などに中心となって活躍されていらした国立教育政策研究所の西野真由美総括研究官に「対話と探究で創る『考え，議論する道徳』」と題して基調講演をいただきました。

開催チラシ

国立教育政策研究所　西野真由美総括研究官

ここに、そのお話の一部を紹介いたします。

「日本でも、現在『思考力』が非常に重視されていますが、『思考力』を育成することが心のケアや心の癒しにつながるという発想は、あまりありません。『思考力』は頭の問題と捉えられ、認知的なスキルであるという意識が強いからです。そんな中、『思考力』を社会性や自分の生き方とつなげて捉えている仙台・宮城は素晴らしいと思います。問いが大事であるということも、次の学習指導要領でクローズアップされていますが、誰も見つけてはくれない人生についての大事な問いを自ら見つけていく力を育てていってほしいと思います。そして、『探究の対話 (p4c)』には、そのための大きな可能性があると確信しています。

学校教育の中では、『楽しいだけでいいのか』という問題が必ずと言っていいほど出てきますが、楽しさってとても大事なことなので、決してそれを奪わないでください。子どもたちが、『あ、今日はいっぱい話せて楽しかったな』と感じる経験をすることが大事です。考えることを楽しいと思ってほしいのです。楽しくて歯ごたえのある授業を『探究の対話 (p4c)』で、仙台・宮城から発信していってほしいと願っています。」

私たちにとって、何よりの心強い応援メッセージでした。

次に実践発表が行われ、まず白石市立第一小学校の八巻淳教諭が実践報告を行いました。その中で、「対話を通して多角的な思考力を育成することは、望ましい人間関係づくりにつながります。知的に安全な集団をベースとして対話が深まり、対話を重ねることでさらに学級集団の知的安全性が高められるというスパイラルが生まれます。」と話しました。そして、白石市では教育委員会が p4c の取組を推進するために「p4c 研修推進委員会」を設置し、市内の小中学校全教職員を対象とした研修会を行っているという取組を紹介しました。

二つ目の実践報告は、仙台市立第一中学校の間山由佳教諭が行いました。その中で、p4c の実践のねらいは、授業におけるセーフティの確立、考えることや伝えることの確立だという話をしました。

そして、これまでの成果として、p4c だと発言できる生徒の出現、認め合う仲間とのセーフティの確立、多様な考え

熱心に聞き入る参加者たち

関心の高かったパネルディスカッション

との出会い，個人の考えの広がりと深まりを指摘しました。

続くパネルディスカッションでは，新潟大学豊田光世准教授，宮城教育大学川﨑惣一教授，仙台市立第一中学校佐々木成行校長，白石市立大平小学校岡睦雄校長がパネリストとして登壇しました。佐々木校長からは，「p4cを熱心に行っているクラスほど生徒が孤立せず，生徒の満足度が高いという結果が出ました。教職員にも変化が生まれ，生徒一人一人の発言に耳を傾け，向き合い，じっくり待てる先生が増えてきました。」という話がありました。岡校長からは，「白石市で最初にp4cを導入した白石第二小学校では，誰にも攻撃されない，冷やかされない，自分の思いを話すことができるp4cの環境づくりが，児童の問題行動や不登校の解決に有効だと聞いています。」と話してくれました。豊田准教授からは，「ハワイで学んだp4cを日本に広めたいと考えたのですが，それは学校教育の手法としてだけでなく，いろいろな場で活用できるのではないかと思ったからです。継続的な実践が難しかった中で，いろいろな学校が連携している宮城の実践は，理想的な姿です。」という話がありました。川﨑教授は，p4cのエッセンスというプレゼン資料を提示しながら「p4cで一番大事なのは，みんなで楽しみながら考えることです。実践を積み重ねていけば必ず思考力が磨かれていきます。実践を重ねなければ見えてこないこともあるので，まずは始めていただきたいと思います。」と語りました。

参加者からのアンケートには，いろいろな感想が寄せられました。

「p4cを活用した授業がどんなものなのか，イメージできました。非常に有効な取組だと感じました。」（教職員）

「道徳の教科化の中で一番大切なことが確認できたように思います。これはマイナーチェンジではなくフルチェンジだと実感。質的な転換をしなければと思いました。」（教育関係者）

「p4cは良好な人間関係を作る上で大きな役割を果たせると思います。カリキュラムマネジメントを上手く行う必要があると感じました。」（学生）

「哲学はもっと広まっていい。難しく考えず，日常の会話から深めることもできます。親から子どもへの問いかけが大切。対話を深めるために，そのベースになる知識が必要なので，子どもにもっと本を読ませることから始めたいと思います。」（一般）

好評だったフォーラムの報告書

# 新聞報道等

　仙台でp4cに取り組み始めた初期の頃から，ずっと注目してくれているジャーナリストがいます。日本教育新聞社の渡部秀則記者です。平成25年の年末に初めて取材に来られてから何度も仙台に足を運んでいただき，私たちの実践を取材してくれています。

　当時は，東日本大震災から日が浅く，教育の復興に全力を尽くしている頃でした。全国を飛び回りながら，多くの教育現場を取材し，様々な教育実践を目にされている渡部記者が強い関心を持たれ，継続して取材していく中で，「他の実践とは明らかに何かが違う，『p4c』を経験した子どもたちには，絶対に『未来を生き抜く力』が身に付くと確信した」と言ってくれたとき，とても嬉しかったことを鮮明に覚えています。

　歩きながら，一歩一歩前に進んできた「探究の対話（p4c）」の実践ですが，大局的な視点から見守り，認めて下さる方がいらっしゃることは，何よりも心強いことでした。担当が変わっても，自分自身のテーマとして発展を見守りたいと語ってくれました。その言葉を糧に，さらに充実した実践を目指したいと思っています。

日本教育新聞　平成26年1月20日付の記事

日本教育新聞 平成26年10月27日付の記事

日本教育新聞 平成27年11月16日付の記事

　仙台市内の小中学校で始まった実践ですが，徐々に取り組む学校が増えていきました。実践を重ねるに従って，教室に落ち着きが生まれ，普段発言しないような児童生徒も積極的に話をするなど，予想以上の反応に教師から驚きの声が上がることも多くなりました。

　そこには，これまでの教師主導型の授業とは違って，子どもたちが自ら考え発言する姿がたくさん生まれてきました。

　全ての学びの原点がここにあるように感じるようになりました。子どもたちの楽しそうな表情が多くのことを教えてくれているように思います。

白石市では，市を挙げて導入することをいち早く宣言しました。多くの小中学校でp4cを導入し始め，どんどん実践が広がっています。

また，宮城県内に無償で配布されている子育て世代への情報誌「ままぱれ」にも取り上げられました。取材に応じたのは，宮城教育大学上廣倫理教育アカデミーの庄子修特任教授です。「本学がp4cを取り入れた理由は，東日本大震災で被災し，押しつぶされてしまった子どもたちの心のケアに役立てたいと思ったからです。環境も変わり，復興に追われる大人たちの陰で知らず知らず我慢を強いられている子どもたちの心を，本音の語れるp4cで解き放してやりたいという教育大学としての強い思いがありました」と語っています。

日本教育新聞　平成27年7月27日付の記事

県内に10万部配付されている子育て世代への情報誌「ままぱれ」より

111

## コラム④
## ハワイと日本と共に歩む道

　20年前からハワイで取り組まれてきたp4cは，トーマス・ジャクソン博士が構築してきた取組で，セーフティの理念を最も大切にしてきたことは，前述の通りです。私たちが日本の学校教育の中に取り入れようと考えたのも，この基本的な捉えがあったからでした。

　でも，ハワイと日本とでは教育制度も異なっており，ハワイで行われている実践をそのまま日本に持ち込むことはできません。私たちは，日本のカリキュラムの中に，教科や領域の学習の中に，どうすればp4cを取り入れることができるか試行錯誤を繰り返してきました。p4cを，

ハワイの先生たちと楽しむp4c

あえて哲学教育ではなく，「探究の対話（p4c）」と捉えることにした理由の一つがここにあります。

　教科や領域の指導では，到達すべき目標が明確に存在し，そこに向かって授業を組み立てることが求められます。教師の問いかけに答える子どもたちの答えを紡ぎながら授業が進んでいきます。教師の意図に沿わない子どもたちの答えは取り上げられることはありません。

　しかし，p4cでは答えのない問いを対話を通して深く考えることを目指しています。子どもたち一人一人の考えが大事にされ，広がっていくので，教師の計画に沿って進める授業とは大きく異なるものになります。

　実践を積み重ねてきたことで生まれてくる疑問や課題，問題を解決しようとしたときに，私たちを導いてくれたのはハワイでp4cを実践する人たちとの交流でした。

　公益財団法人上廣倫理財団の事業で，今年が10年目となる日米教員交流事業があります。これは，ハワイからの訪問を受け入れるとともに，日本からも派遣するという取組です。ハワイに派遣された教員は現地で実践されているp4cを肌で感じてきました。来日したハワイの教員は訪問した学校でp4cの実践を見せてくれました。こうした交流を通して，様々なことを学び，実践の次のステップへのヒントを得てきました。宮城におけるp4cの取組に，無くてはならない活動になっています。

日本からの訪問団

ハワイの中学生と一緒にp4c

　平成29年4月に開設した宮城教育大学上廣倫理教育アカデミーは，ハワイ大学上廣哲学倫理教育アカデミーの姉妹組織として，ハワイで取り組まれているp4c（p4cハワイ：p4c Hawaii）を原点とした活動を展開しています。これからも，より緊密な連携を図りながら，活動の質を高めていきたいと思っています。

# 指導者対象の取組

# 1 出前研修会

宮城教育大学上廣倫理教育アカデミー　特任教授　庄子 修

## (1) どんな研修会？

　2013年度に仙台市立若林小学校で初めて披露された「探究の対話（p4c）」。その後の研修ということでは，当時，兵庫県立大学，その後は東京工業大学の講師でいらっしゃった豊田光世先生に仙台市内の学校にお越しいただいて実践を行い，その様子を見ながらの研修がほとんどでした。2015年1月に白石市内の教職員55名を対象として本学の上廣倫理・哲学教育研究室が研修会の講師を務めたところから，教職員向けのいわゆる「出前研修」が始まりました。それからしばらくは，放課後や長期休業を使っての教職員対象の研修会で，本研究室で作成した資料や新聞記事などを基にした座学と，実際にコミュニティボールを作りながらの研修がほとんどでした。しかし，理論や教職員だけの実践ではなかなか先生方に理解してもらえないということに気づき，2016年度の後半からは，授業にお邪魔しての「出前授業」を積極的に取り入れるようになりました。本研究室のメンバーがファシリテーターとして児童生徒の輪の中に入って「探究の対話（p4c）」の実践を行い，先生方にはそれを参観する中で「探究の対話（p4c）」の良さを理解してもらおうというものです。その結果，対話の進め方だけではなく，子どもたちの変容や感想が大きな説得力にもなり，教職員の理解を広く得られるようになりました。

　具体的には，2単位時間を確保していただき，1時間目は「導入編」と称し，自己紹介をしながらのコミュニティボール作りと，いくつかの問いを提示しての簡単な対話をします。その中で「ボールを持った人だけが話せる」とか「パスができる」などのルールを定着させます。2時間目は「応用編」と称し，あるテーマに沿って子どもたちに問いを立てさせ，みんなから選ばれた問いについての対話をします。ファシリテーターによる「掘り下げの問い」も実際に入れてみて，最後に振り返りをするというものです。何度かの出前授業を繰り返すなかで，こうした授業の流れを確立することができました。仮に1時間しか確保できない学校にあっては，どこかの場面で「応用編」を実践させていただき，参観してもらうことを勧めてきました。

自分の思いを語る参加者

## (2) 「探究の対話（p4c）」は，何の役に立つの？

　上廣アカデミーでは，これまで県内の多くの小中高校に赴いて「探究の対話（p4c）」の紹介をしてきましたが，集まった先生方が，「探究の対話（p4c）って何？」の次に聞きたがっていたのは「何の役に立つの？」ということでした。日々の職務に追われている先生方は，先に結論を知りたがります。役に立つかどうかは各学校の目的にもよりますので，説明する際には，これまでの実践から浮かび上がってきた成果を「期待される効果」とし，次の2つに絞って話すことにしています。

　1つは，「主体的・対話的で深い学び」につながることです。教師の問いではなく子どもの問いを大切にすることで，課題を見つける力や探究心が身に付くとともに，より主体的に学べます。ま

114

た，「正解が一つではない問い」について考えるので，成績や立場の優劣に左右されない自由な発想による意見が交わされ，創造性はもちろんのこと，自己肯定感も生まれます。今後，社会の急激な変化が予想される中で，「たくましく生き抜く力」の育成にも有効ではないかと期待されています。

2つは，生活指導上の課題解決につながるということです。ボールを持った人しか話せないというルールは，「みんながちゃんと聞いてくれる」という心地良さや満足感を引き出します。また，「パスができる」というルールによって，無理矢理話をさせられることはありません。これだけでも安心感が生まれるわけですが，最も大切にしたいルールは，「友だちの意見を否定したり馬鹿にしたりしない」ということです。これを「掟」と言い換えている学校もあります。こうしたルールによって，互いの意見や価値観を受け容れられる雰囲気が芽生え，それがよりよい人間関係となり，「安心できる居場所」につながっていくのです。今問題となっているいじめや不登校対策についても，大きな効果が期待されます。

そのどちらを目的にするかについては，学校課題によって違います。学校課題は何なのか，学年や学級の課題は何なのか，その解決手段の一つとして，「探究の対話（p4c）」が使えるのか否か。そこがポイントかと思います。

まずはコミュニティボールづくりから

白石市内のある小学校では，学力向上の一環として「探究の対話（p4c）」を活用しましたし，隣接する別の小学校では，いじめや不登校対策の一環として「探究の対話（p4c）」を取り入れました。その結果，後者の小学校では，いじめや不登校が減少したのです。当時の校長先生は，保護者からのクレームが無くなったと胸をなでおろし，「居場所ができて，子どもたちが落ち着いたからなのでしょう」と語っていたのですが，しばらく経って，「『探究の対話（p4c）』を実践した学年の成績が向上した」と，声を弾ませて報告してくれました。

以前，ハワイ州のワイキキ小学校でも同じ話を聞いたことがあります。「探究の対話（p4c）」を取り入れた10年間で，「読解」と「計算」の成績が飛躍的に向上したのですが，その兆候として，成績向上の2，3年前あたりから，子どもたちの人間関係が非常に良くなったのだそうです。ある全国紙の記者の言葉を思い出します。アクティブ・ラーニング先進地の取材に行くと，一定の割合で「アクティブ嫌い」の生徒が必ずいる。それは学びの集団におけるセーフティ（安心感）のバロメーターだと。今さらながらの話ではありますが，学びは，学びにおける集団の人間関係と密接に結びついているのです。「探究の対話（p4c）」には，それぞれのねらいはもちろんのこと，その相乗効果として，複数の成果が期待できるのです。

## (3) 「探究の対話（p4c）」は，いつやるの？

一番の課題となっているのは，びっしりと詰まったカリキュラムの中で，いつやるのかということです。道徳の教科化に伴い，最近は道徳の時間での実践が多く見られるようになりました。特に「信頼・友情」，「勇気」，「生命尊重」，「家族愛」など，正解が1つとは限らず，人間の生き方を問い続けていくような価値項目での「探究の対話（p4c）」の活用が目に付きます。もちろんすべての価値項目で「探究の対話（p4c）」を活用でき

「探究の対話（p4c）」の活用場面
①学級開きでの集団づくりの実践
②教育実習生や転入生を迎える会での実践
③総合的な学習の時間での，考えを広げ深める場面での実践
④国語での，初発の感想を深める場面での実践
⑤学級会活動での，学級目標を決める前段階での実践
⑥社会科での単元のまとめにおける実践
⑦児童館等の異年齢集団での実践

るとは限りませんし，資料による授業で価値について考えた次の時間に「探究の対話（p4c）」を通して考えを深め，自分との対話を促すといった，複数時間を念頭に置いた工夫も必要です。道徳の時間以外にも，いろいろな場面で活用できます。また，授業時間を使わなくても，ほんの5分や10分でもあれば，円座にならなくても簡単な対話をすることができます。こうして短時間でも日常的に実践の場を設けることによって，「安心感」を基盤とするルールが定着するとともに，「なぜだろう？」という探究心を育むことができるのです。

## (4) 「探究の対話(p4c)」の実践では，どんなことを心に留めておくの？

①現行指導要領の目玉の1つでもある「言語活動」の大前提は，「安心して話せる集団（セーフティ）」があっての話です。そしてセーフティのある場には，笑みがあります。

②「探究の対話（p4c）」から学んだこと。それは，「じっと待つ，誘導しない，まとめない。」ということであり，教員にとって新たな指導観との出会いにもなります。

③沈黙の時間はとても長く感じます。しかし，決して無駄な時間ではありません。子どもたちが自分自身と対話し，深く考えている大切な時間なのです。

④社会に出れば「正解のない問い」だらけなのに，今の学校教育の中で，それについて考える機会は一体どれだけあるでしょう。「正解のない問い」について考える楽しさと大切さを味わわせることは，社会や科学の発展にもつながりますし，たくましく生き抜く力にも結び付きます。

⑥ハワイでは「ツールキット」と呼ばれている「対話を深めるための問い」があります。「それって本当？」，「具体的には？」，「逆の事例はないの？」などを指します。これは，日本の学校では，「教員に求められる力量」ととらえられがちです。しかし，ハワイでは，「掘り下げの問い」を出す力を，最終的には子どもたちに求めています。教員が恣意的な問いを出すと子どもたちに見抜かれ，教員の表情を覗き込みながら子どもたちは教員の求めたい答えを出そうとしてしまいます。ハワイの先生方は，「教員の立場を離れての問いこそが，子どもたちの考えを深めさせる」と語っています。

⑦一度も発言せず，ただ聞いているだけの子どもも，実は深く考えています。ワークシートなどを活用して書かせると変容がよく分かります。「考え，議論する道徳」に求められている「評価」にも活用することができます。

⑧「子どもの問い」こそ大切にします。実践を積む中で，子どもたちは，対話にならない問いや対話が深まらない問いを，次第に選別できるようになってきます。子どもの主体性を引き出すためには，どんな問いでも構いませんので，子どもの問いから始めることが大切です。

体験しながらp4cを学ぶ教師たち

⑨「探究の対話（p4c）」の根幹は「セーフティ」と「ワンダー」と言われておりますが，それを学校教育に取り入れる目的は，学校（学年・学級）課題に沿って，各学校が決めて構いません。課題解決のための1つの手法として，どんな場面でどのように使ったら効果的なのか，それは，先生方一人一人が実践の中から明らかにし，積み上げていくものであると考えています。

## (5) 子どもにどんな変容が見られたの？

①仙台市立Y中学校　2年生

2年生で行った出前授業。選ばれた問いは「1週間で好きな人が変わるのは，それを本当に好きだと言えるのか」でした。ある女子から出された問いで，実際に友だちからの相談を受けて抱えていた問いだったようです。対話では「1週間で好きな人が変わるのはおかしい」「それは恋に恋をしているだけ」といった女子の意見が続きましたが，ボールが男子に回ると，照れ笑いをしながらも「それはありうる」，「好きな人が変わったとしても，好きだと

生徒の心を開く p4c

いうのは嘘の気持ちではないはず」などの意見が出されるようになりました。はにかみつつも興味津々といった表情での対話が続き，独身である担任の男性教員や，円座に入っていた別の女性教員にもボールが回りました。すると一人の生徒が，円座の外側で授業を参観していた，強面で50代半ばの生徒指導担当の教員にボールを渡したのです。「私は一途な性格なので…」と始まった男性教員の話を聞いているうちに，生徒たちの表情がみるみる真顔になっていきます。その後，ボールは輪の外で参観していた校長先生にも渡されました。「好きとはどういうことか」ということについて，その教室にいた全員が真剣に考えた，手応えのある対話となりました。

### ②仙台市立A小学校　6年

翌日から「弟子入り体験」に出かけるという6年生の2クラスを対象に出前授業を行いました。
2組で選ばれた問いは「社会の役に立つとは,具体的にどういうことか？」でした。担任から「働く」ことの意義について，事前にしっかりと指導されている様子で，どの児童も「人のため，社会に貢献するために働く」という前提のもとに考えを発表しました。そこでファシリテーターから「自分や家族のために働き，お金を稼ぐのではないのか？」という掘り下げの問いで揺さぶりをかけたところ，子どもたちなりに悩みながら，次第に本音で語り合い考えを深めることができました。感想には「まずは自分のために働く。同時にそれが社会や人のために役立つと思う。」，「お金を優先に考えて働いている人でも最終的には社会のためになるのだと思った。自分は人のためになることを目的に働きたい。」，「まず，自分のために働く。自分が生きていけないと，周りの役にも立てない。」，などの記載がありました。弟子入り体験の当日，その疑問を事業所の人に直接聞いて大人をびっくりさせたという話を，後日校長先生から伺うことができました。

### ③山元町立D小学校　6年

卒業を間近に控えた6年生での授業。「自分の将来」というテーマで問いを立てさせ，選ばれたのは「幸せって何歳から？」という，「何歳から幸せになるのだろう」と考えていた女子児童の問いでした。「幸せと不幸せの範囲がよく分からない」「夢が叶ったとき」「妖怪ウォッチを当てた時」などの意見に混じって，「食べ物が食べられ，生きている今が幸せ」「家族がそばで見守っていてくれるのが幸せ」など，被災地ならではと思われる意見も出されました。「遊園地での制限がなくなるし，お酒も飲めるので20歳から幸せ」という意見に対しては「経験を積んで幸せが増えてくる60歳が幸せ」という意見や，「死ぬときにそばにいてくれる家族がいれば幸せ」という意見も出ました。その後「どうなった時に幸せと感じるだろう」とか「自分の将来は明るいのか，不安なのか，どっち？」などの掘り下げによって，子どもたちは自分の幸せについて真剣に考えていました。特に発達障害と思われる男児は，自分の意見がはっきり言えて周囲からも認められたせいか，とても満足げでした。子どもたちの感想には「幸せについてふだん深く考えたことがなかったのでいい勉強になった」「みんな違う考えを持っていたが，確かにそうだなと思うことがあって楽しかった」などの記載がありました。

# 定例研修会

宮城教育大学上廣倫理教育アカデミー　特任教授　**堀越 清治**

　2013（平成25）年9月から，宮城教育大学の復興支援センター内（当時）に活動拠点を置きながら，p4cせんだい・みやぎの活動が始まって，間もなく4年となります。そして，2017（平成29）年4月1日，上廣倫理財団のご支援を受け，ハワイの各学校の実践を2007年からサポートしてきたハワイ大学上廣アカデミーと，日本の姉妹拠点にあたる上廣アカデミーが，宮城教育大学上廣アカデミーとして，正式に誕生しました。

　2011（平成23）年から始まったハワイの先生方の仙台訪問が，今回で7回目を迎えました。また，「探究の対話（p4c）」の考え方や教育実践の成果を広く県内外へ発信する目的で，2015年からp4cフォーラムを開催し，今年（2017年）は，初めて仙台市から白石市に会場を移します。しかも，2日間の日程で，公開授業と小中別分科会を予定しています。平成25年度にp4cの授業実践校は仙台市内数校でしたが，平成26年度には白石市でも実践が始まり，平成28年度末時点では，仙台市，白石市以外に，石巻市，塩竈市，山元町，女川町，美里町においても，研修会や授業実践が開催されるまでに，広がりを見せています。

　その広がりの原動力となったのは，p4cとの出会いで新しい教育手法の手応えを感じ，その可能性を夢見て参加した教職員の研修会でした。

## (1) 2014（平成26）年度の研修会

　この年の4月に，宮城教育大学の復興支援センター内（当時）にあった活動拠点に2名の特任教授が入り，前年度の1名体制から，3名によるp4cの仙台市内への普及・啓発活動が始まりました。

　当時から，仙台・宮城の教職員がp4cの師と仰いでいた新潟大学（前東京工業大学）の豊田光世准教授の助言をいただき，5月30日第1回p4cカフェを開催しました。豊田先生を講師に，仙台市内の教職員，財団関係者，宮城教育大学教員の18名で開催された学習会が，記念すべき定例研修会のスタートとなりました。

豊田先生を招いての研修会

　この日も含め，この年は，豊田先生の来仙可能な日を事前に押さえ，夜の研修会を行う前の午前・午後に豊田先生に市内の学校でp4cの授業をしていただき，研修を深める貴重な機会となりました。

　7月11日に開かれた第2回研修会では，前月に実施されたハワイからの来日研修交流団の様子と学んだ成果を確認し合いました。

　9月26日の第3回研修会では，前月にハワイに派遣されたp4cせんだいのメンバーからの報告会と，グループに分かれての情報交換会が初めて行われました。

　10月29日の第4回研修会では，初めてp4cの授業ビデオを見ながらの質疑応答が行われました。

118

翌11月28日の第5回研修会においても，市内2小学校での授業実践及び，宮城教育大学の田端教授の学生向け授業の紹介が行われました。
　12月25日には，仙台市教育課題研究発表会において，昨年度に引き続き，市内3つの小・中学校から5つの実践研究発表が報告されました。
　2月19日の第6回研修会において，ビデオ等による授業紹介と質疑応答が行われました。
　3月11日の第7回研修会において，豊田先生から全国のp4cの授業実践紹介が行われました。
　また，次年度に向けての各学校の計画や6月のハワイからの訪日交流研修団の受け入れ計画，さらには，p4c効果の測定指標についても話し合われました。

## (2) 2015（平成27）年度の研修会

白石市からの参加者も交えて

　この年は，4月の「3月のハワイへの訪米研修の報告」を皮切りに，5月の研修会では「p4cの効果測定の共通アンケート」，「問い返しについての田端教授，豊田准教授の講話」，7月の「ハワイ訪日研修の報告」，「掘り下げの問い」，9月の「ハワイへの訪米研修の報告」，11月には，前月に初めて開催した「第1回p4c国際フォーラムの反省」「テーマ別（各教科・領域でのp4cの活用）の情報交換」，2月には，「各学校での実践紹介」「テーマ別（セーフティ，効果測定）の情報交換」が行われました。
　この年度は，白石市からも教職員が研修会に参加し，拡大されたことをふまえて，これまでの「p4cせんだい」から，「p4cみやぎ」へと名称が変更され，宮城県内への広がりを見せた年になりました。
　内容面においても，「対話を深めるための掘り下げの問い」「p4cの効果測定」など，p4cの本質を問う話合いや，県内への普及・啓発を図るために統一された「p4cみやぎの基礎・基本」の作成など，p4cの研修の深まりが大いに見られました。

## (3) 2016（平成28）年度の研修会

　この年も，4月の「ハワイへの訪米研修の報告」を皮切りに，年間7回の定例研修会が開催されました。毎年実施される「訪米研修」，「訪日研修」の報告のほかに，様々な視点からの研修が行われました。その研修の内容としては，「参加者による実践にかかわる問いを選んでのp4c対話」，「訪日研修で得た新たな気づき」，「p4cで用いるゲームの意義と効果」，「プレーンバニラの効果的な進め方（田端教授）」，「より深い対話を求めて（川﨑教授）」，「教材化に向けたワークショップ（川﨑教授）」，「探究の対話の文献紹介」，「保健室における不登校対策のp4c」，「保健指導に役立つp4c」など，p4cの本質に触れる内容でした。
　さらには，p4cを各学校へ導入・展開するために必要な教材バンクが作成され，問いに活用できる「なぜ・もし・どっち・ホントかな？」や，「初心者編　担任の進行シナリオ（案）」などが作成され，県内への線から面の広がりが大きく進展した年になりました。

## (4) 2017（平成29）年度の研修会

4月に新たに上廣アカデミーが発足し、研究室のスタッフも6名体制（7月からは7名）に増強され、様々なニーズに対応できるようになりました。研修会の持ち方についても、変化が見られました。

4月の「ハワイへの訪米研修の報告会」では、「探究の対話」の全市展開を図る白石市から初めて3名の教員（これまでは1名ないし2名）がハワイに派遣され、また、県の教育行政から教育事務所の指導主事が派遣されるなど、派遣された教員

仙台駅近くの生涯学習支援センターにて

の強い課題意識に基づき、様々な視点から数多くの学びや感想、展望など、深く考えることができた研修会となりました。当日は、仙台市以外からの参加者が過半数を超え、初めて50名の大台に乗る盛況ぶりでした。

5月の研修会では、探究の対話にエビデンスを求め、「みやぎ絆アンケート」を活用した子どもの変容データについて、共通理解を図りました。また、後半は、テーマ別研修に分かれ、「p4cの基本的な進め方（進行シナリオ）づくり」を実際に行いながら修正をしたり、道徳プロジェクトでは、実際の道徳の時間に活用するために実践例のバリエーションを紹介する道徳版テキストの作成を行ったりするなど、より積極的な活動が見られました。

---

**p4c みやぎ　10月研修会　次第**
　　　　　　　　平成28年10月28日 18:30～
1　開会
2　出席者の自己紹介（初めての参加者のみ）
3　事務連絡
　（1）次回の11月研修会について
　　①教科指導におけるp4c授業の検討
　　②教材バンクの紹介
4　協議
　　①第2回「探究の対話（p4c）」フォーラムでの役割分担など
　　②仙台市教育課題研究発表会について
　　③360度マルチビデオカメラの導入
　　④今後発行予定のパンフレットについて
4　プレーンバニラの効果的な進め方
　　　　　　　　　　　　　　（田端教授）
5　より深い対話を求めて　　（川﨑教授）

6　閉会

---

7月には、これまでの要望を踏まえ、会場を仙台以外に白石でも開催することとしました。その内容も、6月に行われた「ハワイからの訪日交流研修」の報告を中心としながらも、白石市の先生方の要望にもしっかり応えたいという思いが表れた研修会となりました。

今後、研修会の持ち方、内容、運営についても、それぞれの地域の先生方の主体性、協働性を大切にし、ともに深く学んでいきたいと考えています。

※研修会に参加できなかった会員への情報提供を目的に作成している情報紙

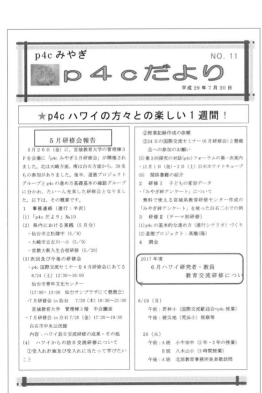

## コラム⑤

# p4c マジック

### 1 途中から私語が止まった小学4年生の男児

研修のために訪れたある小学校で，4年生の男子が「ボールを持った人だけが話せる」というルールにも従わず，ずっとしゃべり続けていました。他の子どもたちは慣れっこのようで，気にもせず対話が進んでいきました。しばらくして，その子にボールが渡ります。周りの子どもたちはルールですからじっと話を聞いています。話が終わるとその子は，別の友だちにボールを渡しました。

そこから，不思議なことがおきたのです。あんなに人の話を聞かずにしゃべり続けていたその子が，黙って友だちの話を聞いているのです。その時間の初めの頃とは全く雰囲気が変わり，落ち着いた雰囲気で対話が進んでいきました。

後で私たちが考えたのは，みんなが自分の話をじっと聞いてくれることで，きっと心が満たされたのだろうということでした。p4cの力だと思いました。

### 2 津波のことを話し始めた被災地の中学1年生の男子生徒

津波で町の大部分が壊滅状態となった町のある中学校で実践したときでした。「自由」というテーマのもとで生徒たちが考えたのは「1年間自由な時間があったら何をするか？」という問いでした。いろいろな意見が出され，話が盛り上がってきたところで，ファシリテーターが「ところでみんなは今，自由なの？ 自由ではないの？」という問いを投げかけました。数人の意見発表があり，何人かのパスが続いたあと，回ってきたボールを受け取ったある男子生徒が，つぶやくほどの小さな声で話しました。「今は自由だと思う。津波で亡くなった人たちは，もっとやりたいことがあったはずだ。生かされた私たちは，やりたいことができるのだから，自由だと思う。」と。教室の空気がピタッと止まりました。

授業後に担任の先生が話すには，その生徒は，学力が決して高くはなく，普段は自分の考えをあまり話さない子なので驚いたと言います。そして，「周りの生徒も彼の発言にきっと驚いたと思う。」と続けたのです。校長先生は，「子どもたちの間では，震災の話は暗黙のタブー。初めてそういう話が出た。そういう話が出たということは，もしかして生徒たちは，心の中を語る機会を待っていたのかも知れない。」と，しみじみと話していました。

私たちは，この4年間，「探究の対話（p4c）」を広めるために県内各地の学校へ出向きました。そして，訪問する先々で上記のような場面にたくさん出会ってきました。不登校気味で普段の授業には参加できない子どもたちが，p4cの時間だけは自然に集団の中に入り，自分の考えを話す姿を目の当たりにしたこともありました。

「どうしてこんな不思議なことが起こるのだろう？」と仲間たちと話をしたことがありますが，「p4cにはきっと何か目に見えない力があるに違いない」という意見でまとまりました。

そして，いつの頃からか「p4cマジック」という言葉で呼ぶようになりました。

さわり心地の良いコミュニティボール

# 第4章 「探究の対話（p4c）」の可能性

　どんな活動も，実践に根差した研究，研究に裏付けられた実践でなければ，持続・発展することは難しいものです。「探究の対話（p4c）」の活動では，専門の研究者と学校現場の教員が協働して取り組んでいるのが強みです。

　ここでは，まず，＜研究者から見たp4c＞という視点で，新潟大学の豊田光世先生，宮城教育大学の川﨑惣一先生，田端健人先生に執筆いただきました。また，＜教育現場からの期待＞ということで，佐々木成行校長，髙橋隆子校長に執筆いただきました。最後に，これからの教育を支えるものになるという期待を込めて，田端健人先生に執筆いただきました。

　専門家ならではの詳しい内容になっております。どうぞ、じっくりとお読みください。

研究者から見た p4c

# 探究の源泉「ワンダー」を大切にする

新潟大学　准教授　豊田　光世

## (1) 探究に戸惑う教育現場

　子どもたちの主体的な探究力・思考力をいかに育むかということは，日本の学校教育において重視されてきた課題の一つです。学習指導要領では，各教科の基本的な考え方として思考力・判断力の育成が位置づけられているほか，総合的な学習の時間の導入によって，子どもたちの主体的な探究が推進されるようになりました。こうした制度的後押しだけでなく，日々子どもたちと接している多くの教師が，彼らの考えを引き出していくことの必要性を認識していることでしょう。子どもたちの探究心・探究力を高めていきたいという思いは，全ての教師が共通して抱いているものではないでしょうか。しかしながら，教師という立場で子どもたちと関わるなかで，このことがいかに難しいかを実感している人もいます。学校教員の方々と話をするなかで，例えば，次のような悩みを聞くことがあります。

　「子どもたちが自由に意見を述べる場を作ってきたつもりなのですが，実はできていなかったかもしれません。教師はどうしても自分自身の考えで子どもたちの意見を評価してしまいます。子どもが期待する答えを言ってくれた時，その意見を特別に評価するような反応をしてしまいます。また，自分の期待する答えを言ってくれそうな子を意図的に指名したりすることもあるのです」。

　自由な発言の場を設けたとしても，教師は，自らが望む答えに子どもたちを導いていることが多いということです。授業案には「予想される児童・生徒の発言」がリストアップされ，予測にもとづいて授業の流れがあらかじめ定められていることもあるでしょう。子どもたちは，教師の考えや思いを敏感に察しますから，自由に考えているようで，実は教師が望むものを考えているだけかもしれない…子どもたちの主体性や思考を引き出していくには，異なる視点から教育のあり方や方法を考え直す必要があると，先生たちは語ります。

　教育には，多様な目的と理念，それらに応じたさまざまな手法があります。教科指導や生活指導のなかで，正しい知識や課題に取り組む方法を伝えていく「教授」の取組は，これからも重要な教育の軸であることは違いありません。ただし，「主体性」や「自由な思考」を育むという観点からは，工夫を重ねる余地がまだ多く残されています。学校教育において，こうした観点がますます重視される傾向にあるなか，どのような学びの機会を提供するべきか，そのなかで教師は子どもたちとどのように関わるべきかなど，手法論には留まらない議論を展開する必要性が生じています。

## (2) ワンダーに深く根ざした問いの力

　子どもたちの主体的な探究は，授業のなかでいかに実現していくことができるのでしょうか。p4cでは，子どもたちが問いを立て，対話を通してさまざまな角度からテーマについて理解を深めていく学びの場づくりを推進してきました。子どもたち（むしろ「全ての人間」と言うべきでしょうか）が生来もっている「知りたい」「理解したい」という欲求を開いていくこと，同時に考えを掘り下げる力を育むことを通して，主体的な探究を学校教育のなかで展開しようと試みています。

　子どもたちの問いから対話を始める授業は，教師が課題を提示することが一般的だった教科指導とは大きく異なる観点を要します。したがって，p4cを授業に取り入れていくうえで，多くの教師が視点の転換に伴う困

難に直面しています。例えば，授業計画をこれまでと同じように作ることができないということ，また，いざ子どもたちの問いから始めようとしても「よい問い」がなかなか出てこないといった悩みです。授業計画のつくり方については，今後さまざまな教科のなかでp4cを生かす方法を模索することを通して，多様なアプローチが示されていくことと思います。ただし，子どもたちが「よい問い」を立てられないという悩みは，p4cという教育を追求していくうえで極めて重要な課題です。子どもたちの問いを大切にしたいという気持ちはあるものの，こうした悩みに対峙するなかで，「仕方がないから教師が問いを用意する」という選択をせざるをえなくなるからです。しかしながら，もし子どもたちの問いから探究を始めることが困難で，代わりに教師が問いを用意するということになると，p4cという教育の最も重要なステップが抜け落ちてしまうことになります。

　どうしたらよいのでしょうか。p4cに取り組むハワイの学校では，子どもたちが自らの疑問をうまく表現できるように，問いを立てる習慣を高める工夫をさまざまな場面で取り入れています。教材を学ぶ過程で生じた疑問をノートに書き留めたり，日々の生活のなかで浮かんだ疑問をいつでも投函できる「問いの箱」を教室に用意したり，また問い深める力を高めるためにツールキットを使いこなす練習をしたり，さまざまな工夫が行われています。こうした技術的な工夫は，問う力を高めていくうえで重要な支援です。ただし，もっと根源的な視点から「問い」について考えていく必要もあります。そもそも「よい問い」とはどのような問いなのかということです。

　教師は，生徒たちに授業のテーマについて理解を深めてほしいと考えて授業をしているわけですから，内容を掘り下げることにつながる問いが「よい問い」ということになるのでしょう。確かに，子どもたちが考える問いは必ずしもテーマの掘り下げに直結するとは限りません。そういった問いが対話のテーマに選ばれると，向かいたい方向とずれてしまうという焦りが教師の中に生じます。そこで，「問い」の性質を別の観点から捉えていく必要があります。

　p4cに取り組むうえで確認しておきたい重要なことは，「問い」は，世界のさまざまなものごとに対してわたしたちが不思議に思う気持ち，すなわち「ワンダー」に深く根ざしているということです。ワンダーは「問いの源泉」です。「おや？」「はて？」と思考が停止することから，考えるきっかけが生まれていきます。意味を見出したいという欲求が活性化し，探究の原動力となります。だからこそ，p4cでは子どもたちの問いから対話を始めようと提案しています。ワンダーを大切にするからこそ，主体的な探究が自然と展開していきます。逆に，授業にふさわしい問いを立てることばかりに目を向け，問いの良し悪しを評価しすぎると，ワンダーが置き去りにされてしまいます。その結果，子どもたちは「探究をさせられている」状態に陥ります。

　では，ワンダーを大切にするとは具体的にどういうことなのでしょうか。一つの問いを例に考えてみます。ある小学校のクラスで，「地球はいつ誕生したのか」という問いが，対話のテーマとして選ばれました。この問いは，探究の問いとしてふさわしいでしょうか。理科の授業で地球の歴史について学ぶのだったらよいけれど，道徳の時間にはふさわしくないと考えるでしょうか。また，科学的な一つの答えが出ていて，調べたらわかることなので，哲学的ではないと考えるでしょうか。

　わたしたちがしっかりと受け止める必要があるのは，この問いの根底にあるワンダーです。「地球はいつ誕生したのか」という問いには，想像もつかない時間の流れ，その時に何が起こったのか，大きな地球が誕生した瞬間への驚異の気持ちが溢れています。この問いの答えとして，例えば「約46億年前」という数字を提示したとしても，必ずしも納得や満足を生み出せるとは限りません。なぜなら，科学的定説を提示するだけでは説明しきれない「ワンダー」が，この問いには詰まっているからです。そもそも子どもたちは正解にたどり着くためにこの問いを考えるのではないのかもしれません。想像を超える不思議に身を委ねて，いろいろと考えてみたいのかもしれません。

　世界は不思議に満ちています。子どもたちから出てくるさまざまなワンダーは，大人たちが当たり前だと見過ごしていることに再び目を向ける機会を与えてくれます。世界の始まり，人間の存在，言葉や時間の成り立ちなど，わたしたちを取り巻く世界に存在するたくさんの不思議。教師としてp4cに取り組むうえで忘れてはいけないことは，自身のワンダーを目覚めさせ，さまざまな不思議を探究する楽しみを経験していくことなのです。

## 2 研究者から見た p4c

# 子どもたちに p4c をすすめる理由

宮城教育大学　教授　川﨑 惣一

## (1) p4c から始まる哲学的思考

　p4c は「子どもの哲学（philosophy for children）」ですから，「哲学」であることに変わりはありません。ただし，歴史上の有名な哲学者の思想つまり「大文字の哲学（Philosophy）」を学ぶことではなく，私たち一人一人の「哲学的思考（小文字の哲学 philosophy）」の能力やスキルを発展させることを，その目標にしています。

　では「哲学的思考」，つまり「哲学的に考える」とはどういうことでしょうか。

　ひとことで言えば，それは「探究すること」です。たとえば，すぐには答えが見つからなさそうな問い，ひょっとすると答えなどありえないかもしれないような問い，それなのにどうしても気になって仕方がないような問いに対して，ああでもないこうでもないと考え，少しでも答えに近づこうとする，そうした態度こそが，「哲学的に考える」ということなのです。

　そのためには，大事なことや重要なことと，そうではないこととを区別しなければなりませんし，適切なやり方で順序よく考えるスキルを身につけておかなければなりません。深遠そうな言葉を使えば哲学的思考になる，ということはありません。自分がよく理解していない言葉を振り回しても空しいだけです。逆に，ありふれた言葉遣いによっても，「哲学的に考える」ことは十分に可能です。

　では，哲学的思考の能力・スキルを身につけ，磨きをかけていきたいと思えば，いったいどうすればよいのでしょうか。大学などで専門的な勉強を積み重ねなければならないでしょうか。たしかにそれも一つのやり方でしょう。でも，すべての人がそうできるわけではありませんし，そうすることが早道だとも限りません。

　日常的な場面で哲学的思考のトレーニングを積みたいと思うのであれば，p4c（子どもの哲学）は非常に効果的なやり方になると私は考えています。

　p4c は，基本的な進め方さえ頭に入れてしまえば，すぐにスタートさせることができますし，回数を重ね，ディスカッションがいっそう活発になれば，問いをいっそう掘り下げ，思考を深めていくことができるようになります。

　p4c の具体的な進め方については別の章を読んでいただくことにして，本章では，p4c の特徴を概説し，それが何を可能にしてくれるのかについて手短に述べることにします。これをお読みになった学校教員あるいは一般市民のみなさんが，とりあえず p4c について試してみよう，という気分になってくれればとても喜ばしいことです。

## (2) 「探究に基礎を置いた（inquiry-based）アプローチ」

　p4c では「探究（inquiry）」を行うことが基本になっています。「探究」は，宝探しのように，

どこかにあるはずの「正解」を探し求めることとは違います。立てられた問いに対して，ぴったりした唯一の答えがあるかどうかも分からないなかで，「よりよい答えに近づこうとすること」が大切だと考えられているのです。

## 1）驚き（ワンダー）の重要性

　日常生活のなかで前提とされている「あたりまえ」を疑うところから，「哲学的思考」＝「探究」は出発します。プラトンやアリストテレスは，哲学の根源は「驚き」にある，と書いていました。世の中で出くわすさまざまな「あたりまえ」に対して，なぜそれが「あたりまえ」なのか疑問に思ったことはないでしょうか。ただし日常生活では，いちいち立ち止まってあれこれ考えることはほとんどありませんし，むしろその方が，生活そのものがうまくいくような気がします。でも，ふとしたことで「本当？」「どうして？」と疑問がわいてくることがあるでしょう。あるいは，新しいフレッシュな視点でイチから考え直してみたいと思ったりすることもあるのではないか，と思います。

　新しい視点で見ることは，ステレオタイプに疑問を持つことでもあります。ステレオタイプそのものを否定しているわけではありません。むしろ日常生活においては，ステレオタイプは非常に役に立ちます。たとえば，自分のよく知らない人に出会ったとき，相手の人柄や行動パターンなどをいちいちゼロから判断していたら，時間や手間暇がかかって仕方ありません。しかし，ステレオタイプは時として，「こうにちがいない」という先入観として機能してしまいます。場合によっては，自分のなかのステレオタイプこそが絶対に正しい真実だと思い込んで，目の前の事実の方を受け入れなくなってしまうことさえあるかもしれません。ですから，ステレオタイプを新しい視点から見直し，改めて吟味することは，とても大切なのです。

　ところで，私たちがなじみのある学校教育では，出来合いの答えにできるだけ速くたどり着こうとする，そんなトレーニングを積み重ねています。いわゆる「勉強」なるものの多くがこれにあたります。受験勉強が典型的です。少しでも速く，効率よく「正解」にたどり着くことができる，学校ではそれが「頭がいい」ということでした。

　しかし，現実の社会においては，だれもが納得するような唯一の正解があるとはかぎりません。むしろ，いろいろな意見や考えを持つ人たちの間で，少しでもベターな答えを見つけるために，悪戦苦闘しなければならないことがほとんどでしょう。こうした場合に，どこかに正解があるはずで，それ以外の答えには価値がない，といった考え方ではうまくいきません。

　このように，既存の，出来合いの答えに満足しないという態度を養うことは，私たちが現実の社会のなかで出会う解決困難な問題に取り組むためには，とても重要です。そしてこうした態度は，先行き不透明な時代において強くたくましく生きていくための能力やスキル，すなわち，日本の学校教育が最終的な目標としている「生きる力」を身につけることでもあるのです。

## 2）問いを立てること

　「探究を始めよう」と思っても，「これこそが探究だ」と言えるような決まったやり方があるわけではありません。また，何かを考え始めれば自動的に探究が行われるわけでもありません。

　「哲学的思考」とは「本質をつかまえること」でもあります。そして，何が本質であり，何が重要なのかを見極めようと思ったら，まずは，疑問を持つところから始めなければなりません。そこで，「本当だろうか？」「理由・根拠は何だろうか？」と問い直してみるところから始めなければならないのです。

　p4c においても，まず大切になるのは「疑問を持つこと」であり「問いを立てること」です。これによって思考がスタートします。最初は，どんな問いでもかまいません。自分のなかに少しでも違和感があれば，それを問いの形で表現しようとすること，こうした態度や習慣が大切です。

　p4c では，問いを立てることができたら，それをみんなで共有して，答えを見つけようとする，

127

あるいは、答えに近づこうと試みます。誰かが発言して自分の意見やアイデアを示したなら、みんなで共有して、質問したり別のアイデアを示したりして、お互いが問いに対する理解を深めます。とくに大事なのは、自分とは違った見方や意見があるのを知ることで、お互いの視野を広げることです。

　すぐに答えにたどり着かなくても、あせる必要はありません。というのも、「みんなでいっしょに考える」ということそのものが、とても大事だからです。このことは、p4c のもう一つの特徴である「対話」と深くかかわっています。

## (3) 「対話によって駆動された (dialogue-driven) 方法」

　p4c の研究者たちはしばしば、p4c は「対話によって駆動された方法 (dialogue-driven method)」から成り立っている、と言うことがあります。「駆動される (driven)」というのは少しなじみのない言い回しですが、「力でもって押しやられる」といった意味になるでしょうか。つまり、p4c では対話が思考を促し、さらに考えようとするエネルギーを与えてくれるのだ、ということです。

　一般的な理解では、「思考」は一人でするもの、ということになるでしょう。にもかかわらず p4c では、対話を通じて「ともに考えること」を重視します。その理由は、対話がめいめいの思考を促し、新しい視点をもたらすことで思考を深めるとともに、さらなる思考へと誘ってくれるからです。

　対話による思考のメリットに関しては、p4c の創始者であるアメリカの哲学者マシュー・リップマンが「人を探究へと向かわせるには、対話をさせるのが一番よい」と書いています（『子どものための哲学授業』）。というのも対話では、人は気を抜くことができず、対話の流れについていくために他人の話を聞かなければならないし、相手に理解してもらうために話すときは慎重に言葉を選ばなければならないからです。また、冗談を言ったり、いい加減なことを言ったりすることは、対話ではふさわしくありません。もちろんユーモアも大切ですから、ときには冗談を言って相手を笑わせることがあってもかまいませんが、いつも冗談ばかり言っていると、相手は真剣に話を聞いてくれなくなるでしょう。何より、参加者たちが相手のことを理解したい、あるいは自分の意見や気持ちを相手に理解してもらいたいと真に望むなら、対話は自然に真剣なものになっていくはずです。

　さらに、自分の見方とは違った見方に出会えることは、対話の最大のメリットの一つです。自分ひとりで考えているうちは、本当の意味で新しいものに出会うことは難しいでしょう。他人の意見に耳を傾け、時には自分の意見に対する質問や反論に出会うことで、新しい視点を得ることができるとともに、自分の意見を深められるようになります。自分の考えを相対化して、自分が前提としている信念や思い込みに気づくこともできるようになることでしょう。

　それはまた、さらなる思考への動機づけにもなります。というのも、自分の見方とは違った見方を得ることができるという以外に、たとえば自分の発言について、あとから思い返して繰り返し吟味するきっかけを与えてもくれるからです。誰かの前で発言したことは、自分の記憶のなかで長く残り続けます。うまく言えたときは自信につながりますし、うまく言えなかったときは後悔や恥ずかしさの記憶として「二度とくりかえさないように」という思いにつながります。

## (4) 探究の土台となる「セーフティ」

　ところで、対話を成功させるには、その土台として「セーフティ」が実現していなければなりま

せん。逆に言えば，対話がうまくいっているときは，そこには必ず「セーフティ」を見て取ることができるはずです。p4c は，この「セーフティ」をとても重視しています。p4c（とくに「p4c ハワイ」と，その流れを汲む「p4c みやぎ」）にとって，「セーフティ」はその出発点であると同時にゴールでもあります。少し分かりにくいかもしれませんが，「『セーフティ』がなければ p4c はうまくいかない」と言えるのと同時に，「『セーフティ』は p4c によってこそ作り出されるものである」とも言えるのです。すなわち，p4c のセッションを積み重ねることで，参加者たちは「セーフティ」の重要性に気づくとともに，それを自覚的に生み出すことのできる集団＝「探究のコミュニティ」へと成長していくのです。

「セーフティ」を確保することは，対話を通じて「共に考えること」のために不可欠です。ほかの人たちの前で自分の意見やアイデアを発表することはとても緊張することですし，誰しも不安を感じています。でも，それがしっかり聴き取られ，受け入れられるようになれば，人は勇気づけられ，自信をつけ，「もっと考えてみよう，そしてそれをほかの人に伝えよう」という気持ちになることができます。そのようにして，新しい意見やアイデアを生み出そうという動機づけを得ることができるようになるのです。また，自分がその集団の一員であり，受け入れられていると感じることで，他人を信頼し，自分もまた他人を受け入れるようになる，ということも可能になるでしょう。

お互いにその存在を認め合い，受け入れ合うことは，学級経営とかクラスの雰囲気の改善とかいうことをはるかに超えて，「共に生きる社会」を少しでもよいものにするうえで非常に重要です。社会のなかには自分以外に他の人たちも暮らしていて，それぞれが自分なりの意見や考えを持ち，幸せな人生を歩みたいと願っているということを，知識としてではなく実感として身につけておくことが，「共に生きる社会」を支えていくうえで不可欠なのです。

「セーフティ」は，知的な探究を準備し，促すための大切な土台になります。集団のなかで，お互いに相手の意見を聞き，そのよいところ，不十分なところを確認し合うことによって，少しでもよりよい答えに向かって進もうとするところ，ここに，「共に考えること」の最大の効果があります。p4c が「探究のコミュニティ」のなかで実践される営みであり，「哲学的思考」を発展させるということの意味は，ここにあります。

## (5) さいごに

アリストテレスは『形而上学』のなかで「すべての人間は，生まれつき，知ることを欲する」という有名な言葉を記しています。私たちはみな，誰に促されるということもなく知的好奇心をそなえ，とくに幼い子どものころは，「なぜ？」「どうして？」という問いを連発して周囲の大人たちを困らせる存在だったはずです。それは，「子どもは生まれながらに哲学者である」などと評されるほどです。成長するにつれて，そのような知的好奇心を失ったのは，知識や知恵を身につけたということの裏返しなのかもしれません。「もう不思議なことはあまりない」「深く考えるのは疲れる」というわけです。

たしかに，考えるということは面倒だし，時には我慢が必要です。でも，もし私たちが「考えること」に価値を見出すのだとすれば，子どものころから「考えること」に対する耐性や習慣をつけておくことは，とても重要だと思います。p4c は確実に，そのための一つのきっかけになります。

# 3 研究者から見たp4c

# 多様性を開く対話

宮城教育大学　教授　田端 健人

## (1) 「アクティブ・マイノリティ」から

　教育実践研究者として，私は，幼稚園，保育所，小学校，中学校，高等学校，特別支援学校などの実践現場を参与観察させてもらい，現場の先生方と共同研究や共同実践を重ねてきました。この経験からいつも不思議に思うのは，p4cハワイ・みやぎスタイルの実践では，他の実践方法ではなかなか見られない出来事が，当たり前のように起きることです。

　ここでは，その一つ，「アクティブ・マイノリティ」という出来事からみていきましょう。大人であれ子どもであれ，集団には，「同調化バイアス」がかかることは，よく知られています。学級集団もまさにそうです。集団内では，多数派（マジョリティ）の意見や行動が集団圧力となり，少数派（マイノリティ）を抑圧し，マジョリティに合わせた「同調行動」を引き起こすものです。ジャニス（Janis, I. L.）が指摘した「集団残慮（group think）」，つまり集団に流されて個人がよく考えなくなってしまう現象も，同調行動の負の一面です。

　これに対して，少数派が多数派の意見と行動を変革する「アクティブ・マイノリティ」という現象も，モスコヴィッチ（Moscovici, S.）らの実験によって確かめられています。少数派が一貫した意見や行動を示すことで，多数派に「認知的葛藤」を引き起こし，多数派の意見と行動を変更させる現象です。少数派が発言権をもち，同調化バイアスに待ったをかけることで，集団残慮のリスクが回避できます。

中学生のp4cの授業から

　しかし実際問題，学級集団でも大人のコミュニティでも，少数派がアクティブになることは，そう簡単なことではありません。ところが，p4cハワイ・みやぎの対話では，このことがしばしば起きるのです。

　一例として，小学6年生のある道徳の授業を参照してみましょう。教材は，ビクトル・ユーゴー『ああ無情』の一場面「銀のしょく台」です。一切れのパンを盗んだため投獄され，19年におよぶ刑期を終えたジャン・バルジャンは，宿もなく食事にもありつけないまま町をさまよい，ミリエル司教の教会にたどり着きます。司教から食事をもらい，ベッドも用意してもらったジャンは，その夜，夕食のテーブルにあった銀の食器を盗み，逃げ去ります。ところが翌日ジャンは兵隊に捕まり，司教のもとに連れてこられます。そこで兵隊は，司教に，ジャンがもっている銀の食器は教会から盗まれたものではないかと尋ねます。しかし司教は，それはジャンにあげたものだと証言し，さらに銀のしょく台まで差し出し，「これもあげたのに，忘れて行きましたね」とジャンに手わたすという話です。

　授業では，司教の心情を一通り読み取った後，探究の対話になり，教師は，「司教がやったことは，ジャンのためになっただろうか，ならなかっただろうか？」と問いかけました。その問いかけは，いかにも中立的で，いずれの解釈にも開かれている印象でした。挙手をしたところ，「ためになった」が9名，「ためにならなかった」が4名でした。コミュニティボールを回しながら，その理由を子どもたち一人一人が説明します。最後は，「ためにならなかった」と主張する男子で，自閉傾向があり，普段はほとんど発言しない子どもです。その子が，口ごもりながらも，「ジャンはまた盗みをするかもしれ

ない。19 年もろう屋に入れられていたのに，こりてない。盗んでもゆるされたら，次もまたゆるしてもらえると思う。」と自分の考えをしっかり述べました。

こうした考えを聞き，「ためにならなかった」へと解釈を変える子どもも出てきます。一方，「ためになった」という多数派の多くも，「ためにならなかった」という少数派も，簡単には譲りません。お互いの主張が対立したまま，この話合いは時間切れとなりました。

確かに，この授業の場合，多数派が「集団残虐」だったとは言えません。むしろ，真っ当な解釈でしょう。しかし，いずれか一方の解釈に落ち着いているよりも，対立する多様な解釈をみんなで出し合い，話し合い，吟味した上で自分たちなりの解釈に到達する方が，個人としても集団としても，いっそう思慮深いと言えるでしょう。

## (2) 授業の中での「ゆさぶり」と「葛藤」

「ゆさぶり」と「葛藤」は，戦後日本教育実践史に足跡を残した斎藤喜博校長率いる島小学校のキーワードでした。成熟期の島小学校を参観した作家大江健三郎は，そのルポルタージュ「未来につながる教室－群馬県島小学校」で，島小学校の授業を，次のように記しています。

「子供たちがみんなで考えて A の解決にいたる。それを教師あるいは子供たちのひとりが否定して，こんどは B の解決にいたるまでの葛藤があらわれる。そしてまた B が否定され C の解決にいたる……このような方法が子供たちのものの考え方を立体化し，かれらを新しい考えの局面にみちびくことは，そばで見ているぼくに，いわば芸術的な感動をあたえるものだった。教師が子供たちの葛藤にまきこまれて新しい解決をさがしもとめているように，参観者のぼくもまたその葛藤のなかにいるのだった。そして解決が子供たちの波のようにうごく生きいきした顔のむらがりのなかにあらわれはじめると，解放感の喜びを子供たちとともに感じた。」（大江健三郎『厳粛な綱渡り』講談社文芸文庫，1991 年，466-467 頁）

斎藤喜博研究から出発した私は，こうした葛藤場面が授業で現れるのをいつも待ち望んできましたが，そうそう見ることはできませんでした。多くの場合，教師の解釈がすでに決まっているため，葛藤にすぐ決着がついてしまうのです。ところが，先の授業の一場面では，教師がいずれの解釈にも開かれているため，子ども同士の葛藤に火花が散り始めています。

斎藤喜博の実践と，それとは異なる風土から成長した p4c ハワイ・みやぎの実践とが，その核心的部分で重なり合うのは，単なる偶然の一致ではなく，思考の掘り下げの一種の普遍性からくるのではないでしょうか。

## (3) ファシリテーターとしての教師の態度変更－「無知の態度」

葛藤を契機として思考がダイナミックに展開されるためには，子どもたちから，個性豊かな意見が多様に出されなくてはなりません。子どもたちから意見や解釈が多様に出てくるための条件は，教師の態度変更です。教師はどうしても，正しい解釈とか，正しい行いとか，子どもに身につけさせたい価値項目とか，自分好みの意見を強くもっています。それは教師の表情や何気ない仕草，相づちの調子などから子どもにじかに伝わるため，子どもは，教師が好みそうなものだけを示そうとします。これでは，子どもの本音とか個性的な見解とかが出てくる余地がありません。その余地を開くためには，教師が，答えを知らない無知の態度へと態度変更し，自分とは異なる意見や解釈にも開かれなくてはなりません。

このように言うと，学ぶべき価値項目と違う考えに子どもたちが至ったらどうするのか，と先走った心配が湧いたりするものです。しかし，この心配の根をよく吟味してみましょう。すると，そこには子どもや対話に対する不信感，教師や大人が方向修正しないと，子どもは間違った方向に進むという恐れがあることがわかります。この根深い不信の念が，先回りして，子どもたちの自由な議論を封じ，キレ

イゴトを言わせて安心する体質につながっています。教室や学校の公式の場で，キレイゴトしか言えないならば，子どもの本音や素朴な疑問は，どこで吟味されるのでしょうか。みんなの前で言っていることと，独り心の中で思っていることとの不一致は，言行不一致につながりはしないでしょうか。思い切って，子どもたちの対話を信頼し，すべてを委ねてみてはどうでしょう。子どもたちが，心の中で思っていることを，みんなの前に出し，他の様々な意見と並べて眺めてみる機会をもつだけで，大きな前進です。

　多様な意見が出た後も大切です。多様な意見を前に，教師が内心，そのいずれかに軍配をあげているようでは，葛藤は発展しません。上記の大江の引用文に記されているように，教師も参観者も，「葛藤のなかにまきこまれ」なくてはなりません。一見すると子どもの誤読のような解釈をきっかけにした葛藤に，ノーベル文学賞を受賞したほどの作家が，八百長ではなく，本気でまきこまれているのは，注目に値します。p4c ハワイの言葉で言えば，教師や参観者もまた，見せかけではない真の意味での「共同探究者」になるのです。教師もまた正解を知らないという「無知の態度」へと，シフトチェンジすることが，探究の対話を成立させる条件です。

　この難しさを実感してもらうために，一つの想定問答を考えてみましょう。

　仮に，子どもから，「人生に生きる意味はあるか」と問われたとします。「何言ってるんだ，意味があるに決まっているじゃないか」では，対話になりません。かと言って，「先生はね，人生に意味なんかないと思うよ」と安易に答えるわけにもいきません。もしも子どもが，生きる意味を見失っているならばなおさらです。しかし，「意味がないって思うこともあるよ，でもねえ……」と切り返した途端，教師の価値観の押し売りになってしまいそうです。

　教師もまた子どもと対等の共同探究者になるためには，人生や世界に関する奥深い知の助けが必要です。それは，学問芸術の幅広い学びや教材研究，理不尽なあるいは悲痛な現実との格闘などから，教師が学び続ける知であると思われます。先の問いに対しては，例えば，古代ギリシアの詩人ソフォクレスの一節，「この世に生を享けないのが，すべてにまして，いちばんよいこと，生まれてきたからには，来たところ，そこへ速やかに赴くのが，次にいちばんよいことだ。」（『コロノスのオイディプス』岩波文庫，高津春繁訳，72頁）を思い出すのが助けになるかもしれません。あるいは，存在の無根拠を見据えた実存哲学に思いを馳せるなら，教師もまた一方的な回答を差し控え，生の意味を，子どもと共に虚心坦懐に問うことができるかもしれません。あるいはまた，子どものなかには，様々な事情で，例えば家庭内暴力や災害などで，生の意味を見失っている場合もあります。そうした現実を思うことで，この問いに共に悩み，共に考えることができるかもしれません。

　いずれにせよ，「無知の態度」は，見せかけの態度ではありません。それは，「表面を掘り下げる」教材解釈や現実への深い洞察，あるいは先人からの学びによって，そして子どもに敬意を払う対話の積み重ねによって，教師それぞれの奥底で少しずつ育まれる態度のように思われます。

## （4）　「アイ」の力

　教師の態度変更が本格的になるにつれ，p4c ハワイ・みやぎの対話では，通常の授業よりも多様な意見が出てきます。それは，この p4c が，「多様性」を理念として掲げ，多様な考えや価値観を出し合うことを，共通目標にしていることに由来します。また，思考を深めるツールキットの 7 つのイニシャルの一つ「I（アイ）」が，「Inference（推論，含意）」と共に，「If ……（もし……ならば）」を象徴し，多様性へと開かれる思考を繰り返し練習することにも由来します。

　この「アイ (I)」の力は絶大です。例えば，「もし私が X さんだったら……」と他者の立場に身を置いて考えることがあります。また，「もし鶏が 2 メートルだったら……」とか「もし地球の温暖化がもっと進んだら……」というように，仮想的現実を想像することもあります。「アイ」は，このようにして意見

132

を多様化します。

　印象的だったエピソードを一つ、簡単に紹介しましょう。

　看護専門学校での対話です。いわゆる「人工授精」で生まれた子どもをテーマに、関連する資料や最近の新聞記事を読み、各自で問いを立てたあとの対話です。あるグループは、「自分に子どもができなかった場合、生殖医療を受けるか？」という問いを選びました。はじめ、グループの学生全員が、「自分なら、生殖医療は受けない」と述べました。次に、学生たちは、いくつかのケースを想定しながら考え

学生とゼミの様子

始めました。「もし、私が、子どもを欲しいと強く思っていたら……」という想定に対して、やはり多くの学生は、「生殖医療は受けない」と発言しました。しかし、「もし、パートナーが、強く子どもを願ったら……」との想定に、学生たちは悩み始めました。そして、「パートナーの希望なら、生殖医療を受けるかもしれない」と揺らぐ学生も出てきました。

　「でも、それをパートナーは望むだろうか？」「もし二人ともそれを望んだとして、生まれてきた子どもが、そうした誕生を望まなかったら？」「出自を子どもには知らせない？」「嘘はいけないと子どもに教えながら、出自を隠してもいい？」「もし出自を伝えて、子どもがそれを受け入れなかったら？」問いが問いを呼び、話合いに拍車がかかります。このグループは、休み時間になっても、円座のまま話し続けました。

## (5) 「拡張された思考」へ

　こうした仮定法的思考は、いわゆる「感情移入」とは異なります。小説を読んだり、映画を見たりしながら、私たちは、登場人物へと「感情移入」することがあります。「感情移入」では、相手との感情的一体感が生まれ、自分と相手との区別が曖昧になります。これとは異なり、上記の仮定法的思考では、想定された相手は、あくまで想定された可能的他者であり、感情的に一体化する現実の他者ではありません。と言っても、軽々しい面白半分の想定でもありません。将来自分の身に起きてもおかしくない、可能性としては低いかもしれないが、ありえないことではない可能性として、学生たちは、「人ごと」ではなく、いわばわが身に引きつけて考えています。

　こうした独自の思考の正体をつかむためには、アーレント（Arendt, H.）の「拡張された思考」という概念が、手がかりを与えてくれます。

　アーレントによれば、ひとは、複数の他者の複数の立場に身を置くことで、あるいはそうした複数の思考を考慮に入れることで、自分の思考を拡張できます（『完訳 カント政治哲学講義録』仲正昌樹訳、明月堂書店、2009年、80-81頁参照）。拡張された思考の特徴は、生身の人物であれ、歴史上の人物であれ、物語上の人物であれ、「特定の」人物の「現実の」立場に身を置く「感情移入」ではなく、考えられる限りの「不特定多数の」「可能な」立場に身を置き、複数の「可能な」諸判断を吟味する点にあります（同所参照）。そして、拡張された思考の強みは、自己中心的な見方から解放されること、私たちに偶然付随する主観的で私的な条件を排除すること、こうして、「潜在的に公的で、あらゆる方面に開かれた空間」で、私たちが自由に動けるようになることです（同所参照）。

　もちろん、思考の拡張は一人でもできます。しかし、複数の人々と向き合い、様々な可能性を実際に言葉に出して語り合うことで、自己中心的な私的領域からの解放はいっそう容易になり、思考の拡張もいっそう促進されます。そして、このように、思考を拡張する人々で作られる共同体は、利害関心を共にする利益集団でないばかりか、価値観や主義主張を同じくする同質者集団でもなく、多様性を認めつつ普遍性を探究する「コミュニティ」になるでしょう。

133

**教育現場からの期待**

# 4 人と人との豊かな関わりと確かな思考力の育みが期待できる「探究の対話（p4c）」

仙台市立第一中学校　校長　**佐々木 成行**

## (1) はじめに

　本校は，平成27年度から平成29年度までの中期的重点目標として，「豊かな社会性の育成」と「確かな学力の向上」を掲げています。「社会性」の基本は，人と人との関わりであり，安心して生活できる人間関係づくりとも言えます。特に，中学校においては，互いに認め合ったり，互いに学び合ったりする中で，社会性は自己肯定感とともに養われていくものです。また，思考力を中心とした「学力」を向上させる手だてとして，「話合い」活動を授業に取り入れる必要性は，衆目の一致するところです。

　特に，「探究の対話（p4c）」では，ルールを徹底することにより，生徒が互いに安心して自分の意見を聞いてもらえたり，受け止めてもらえたりすることが可能となります。さらには，答えが限定されないような「問い」を基に考えることにより，思考力が育まれることが期待できます。

　もし，一人一人の考えが違っても認め合い，自ら考えることが楽しいと実感できる学級や学校が実現できれば，本校はもちろんのこと，多くの中学校が抱えるいじめや不登校をはじめ様々な生徒指導上の問題解決や学校の使命である学力向上が，図られるものと考えます。

　このような理由から，平成27年度から本格的に「探究の対話（p4c）」に取り組んできました。その実践の一端を紹介するとともに，その可能性や期待を述べていきます。

## (2) 「探究の対話（p4c）」の構想図

　本校では，各教科領域等の授業において，ペアによる話合い・四人グループによる話合い，円座による話合いというように，ねらいや教科領域等の特性に応じて，話合いの形態を選択しています。以下の図は，今日的な課題や生徒の実態を踏まえながら，「探究の対話（p4c）」を教育活動全体の中心に位置付け，重点目標を実現しようとする構想を示しています。

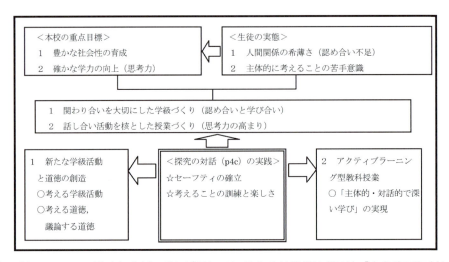

　上記の「セーフティの確立」とは，「人が話しているときは私語を慎む」「人の意見に対して笑っ

たりからかったりしない」といった対話のルールの徹底や，そこから生まれた認め合おうとする優しい雰囲気の醸成が図られることです。

# (3) 教科領域等の実践を通した可能性や期待

## (1) 教科のねらいを達成し，生徒間の豊かな関わりを育む家庭科の実践から

本校教諭　山田 有子

①**題材名と目標**
　ア　題材名：幼児との触れ合い
　イ　ねらい：これからの幼児との関わり方について考え工夫する。

②**問い：「今の自分にできる幼児との関わり方を考えよう。」**

③**人との豊かな関わりにつながる可能性**
　〇みんなが話していることが，実際にできるのか。
　〇私は，どうしたらいいか分からない。

平成27年度東北地区中学校技術・家庭科研究会提案授業から

この二つの発言は，何人かの生徒が問いについての意見を述べた後に出てきたものです。「そんなことできるのか」という疑念や「分からない」という率直な戸惑いが感じられる発言です。これは，普段の授業でのペアや四人グループの話合いでは見られない発言でもあります。それを，周りの生徒は受け止め，新たな意見をさらに示していきます。

つまり，自分の思いをありのままに伝え，受け止めてもらえる探究の対話は，授業のねらいを達成するための話合い活動にとどまらず，認め合いや学び合いなど人と人との豊かな関わり合いも可能となる活動と言うことができます。

## (2) 今日的課題を踏まえた道徳の実践から

道徳の内容項目「人間愛・思いやり」における授業といじめ防止キャンペーンをリンクさせたところ，生徒会執行部から，「探究の対話（p4c）を通して，いじめについて考えてみたい。」という提案がなされました。

①**各クラスが設定した問いの具体例**
　〇いじめはどうして起きるのか？
　〇いじめをする人の気持ちや弱さとは……
　〇苦手な人にも上手に接していくためには，どうしたら良いのだろうか？
　〇「いじり（ふざけ）」と「いじめ」の違い

②**生徒の事後の感想**
　〇いじめをなくすことは，なかなか難しいと思いますが，「いじめをしにくい環境」づくりについて考えたいです。
　〇「いじめといじりを区別する」というテーマの中で，「回数などは関係ない」など個々の意見が出て良かったです。しかし，この中でこんなに意見が出るのは，一人一人がしっかりと考えを持っているからだと思いました。
　〇いじめについても，多様な価値観を持つ人と考えを共有することが大切だと知りました。

③**「考える道徳・議論する道徳」実現の可能性**
　読み物資料中心の道徳から，自ら問いを立て考え，意見を出し合い，多様な考え方や価値観を共有するという新たな道徳の時間を創造する可能性を，「探究の対話（p4c）」は十分に秘めています。

④いじめ防止への期待

　各クラスが設定した問いは，生徒一人一人の思考を揺さぶり，いじめの本質に迫るものです。いじめ防止というと「悪口を言わない」「無視をしない」「互いに挨拶する」のような学級での約束事を決める話合いになりがちですが，探究の対話は，いじめを深く考えたり，多様な視点で考えを交流したりする機会となっています。このような実践は，いじめを許さない土壌形成に寄与すると思われます。

## (3)「探究の対話（p4c）に取り組む意味とは……」の実践から

本校教諭　加藤　大作

　卒業間近の３年生が，「探究の対話に取り組む意味とは……」を問いとして，２年間の取組を振り返る話合いを行いました。その際の発言や感想を，人と人との関わり（社会性）と思考力（学力）の二つの面から紹介します。

①人と人との関わり（社会性）の高まりを期待させる発言や感想
　　〇クラスの雰囲気が良くなったのが一番かな。そして，男女の仲も良くなったと感じる。
　　〇回数を重ねていくうちに，「あの人はこんなことを考えているんだ。」と，仲間の知らない意外な面が分かってきて，楽しくなっていった。
　　〇普段意見を言わない人も，p4c だと発言する。「あの人すごいなあ」とか「あんな考えを持っているんだ」と思った。どんな人か分かり，話しかけやすくなった。
　　〇意見を言ったとき，クラスのみんなが一生懸命聞いてくれると思えるようになった。
　　〇人前で話すことに慣れ，クラスにも慣れた。クラスのために頑張りたいと思った。
　　〇はっきりした答えは出ないけれど，話を楽しんでみんなと共有することが大切。だから，一緒に考えるということこそが，p4c の本当の意味なのではないか。

　生活基盤や学びの基盤である学級内において，「みんなが聞いてくれる」といった実感から，互いに認め合い，自己肯定感も高まっている様子が窺える発言や感想が見られました。これは，人と人との適切な関わり，豊かな社会性の高まりとも言えます。このような学級を実現できることが，探究の対話には期待されます。

②思考力（学力）の高まりを期待させる発言や感想
　　〇考える過程や深まることが大事なのではないか。
　　〇結論にたどり着こうとすることや考えることが哲学と何かに書いてあった。だから，答えにたどり着いたら哲学じゃなくなってしまうので，これでいいのかなと思った。
　　〇p4c を通して，何か一つのことを考えるとき，「どうして？」と疑問を持つようになった。自分が成長していく上で大切なことだと思う。

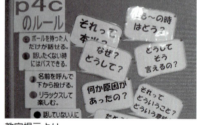

教室掲示より

　　〇私は，他の人の意見を聞いて，自分の意見の穴を見つけふさいでいくことを，p4c を通してやっていたと思う。自分の考えを変えることはなかったけど，影響を受けることはたくさんあった。
　　〇p4c をやってよかったのは，国語の授業などで，主人公の心情などを深く考えて捉えることができるようになったことだ。

　探究の対話（p4c）を導入する前年度（平成２６年度），職員研修の一環としてＳＷＯＴ分析を行いました。その時，職員から指摘された本校生徒の実態は，「漢字や単語を覚えることには熱心」「練習問題には積極的に取り組む」「考えることが苦手」というものでした。２年間の実践を通して，考えようとする積極的な姿勢が，多くの生徒に確立されていることが理解できます。

　このような「主体的・対話的で深い学び」の実現が，思考力育成の出発点であり，学力向上を可能にする手だてであることが実感できました。

## (4) QU調査から見えた「探究の対話（p4c）」への期待

### (1) 平成28年度第3学年における年度末のQU調査結果

**①調査対象生徒数　　学年：214名　　3年1組：37名**

**②学級での満足群及び不満足群の割合**

○探究の対話（p4c）導入前の1年次と導入後の2年次・3年次の経年比較
○探究の対話（p4c）に最も積極的に取り組んだ担任の学級と学年平均の3年次の比較

| 対　象 | 満足群の割合 | 不満足群の割合 |
|---|---|---|
| 3学年1組 | 81% | 5% |
| 3年次平均 | 67% | 12% |
| 同上2年次平均 | 67% | 11% |
| 同上1年次平均 | 63% | 16% |

※2年次から「探究の対話」

　探究の対話（p4c）を導入してから1年後，満足群が4％微増し，その後は変化なく推移しています。不満足群は，導入後5％程減少し，そのまま卒業を迎えています。

　3年1組の担任は，2年生の時にいち早く導入し，「探究の対話（p4c）」に繰り返し取り組んできた教員です。この学級の満足群の多さと不満足群の少なさは顕著でした。

### (2) 学級づくりに対する可能性や期待

　探究の対話（p4c）を道徳や学級活動に積極的に取り入れ，継続的に繰り返し取り組んできた担任の学級は，学級に対する満足感や所属感を持ち，安心かつ意欲的に学級生活を送っていることが推測できます。生活や学習の基盤としての学級づくりにおいて，探究の対話は有効に働くということが十分期待できます。

## (5) 終わりに

　これまでの2年間の本校の実践を通して，次のような効果が生まれ，本校の重点目標の具現化に迫ることができました。それは，「探究の対話（p4c）」の大きな可能性と期待を示すものです。

### (1) 安心して話合いに参加できるセーフティが確立されること

　「みんなが話していることが，本当にできるの？」，「何々ってどういうこと？」，「分からない，どうしたらいいの？」，これは，他の話合い活動では見られない，率直な思いであり，セーフティが確立されていない学級ではなされない発言です。

### (2) 認め合いや人との関わりが生まれること

　普段の授業では，ほとんど発言しない生徒が発言したり，「探究の対話（p4c）」が嫌いと訴えていた生徒が，話合いの流れで黙っていられなくなり発言したりした場面から，「あの人はすごいなあ」とか「あんなふうに考える人なんだ」という生徒間の理解や認め合いが生まれ，日常の関わり合いが深まっていきました。

### (3) 思考力が高まること

　多様な考え方に触れる面白さと自分自身の考えの広がりや補完を実感できる事後の感想が見られました。

教育現場からの期待

# 学校教育課題を解決する「探究の対話（p4c）」

仙台市立桂小学校　校長　髙橋　隆子

## (1)　「探究の対話」は子どもの心を育てる

　2013年の夏「探究の対話（p4c）」と出会ったとき，対話を通して探究を深める魅力に惹かれ，p4cの学習スタイルが，被災した仙台の子どもたちの「生き方教育」になるのではないかという可能性を感じました。当時の校内研究のテーマが「思考力の育成」だったことから，すぐに現職研修に取り入れ，教育課程において様々な実践を重ねました。その中で浮かび上がってきた子どもたちの変容は，人としてより内面が磨かれている姿でした。国語や道徳，特別活動等で学習した子どもたちは，心が成長していることを体験者自身が実感できていたのです。自己の成長については，「探究の対話（p4c）」を体験した当時の6年生が次のような感想を述べています。

A児：前はp4cがとても苦手でした。自分の考えを話すのが嫌で，否定されたらどうしようと不安でいっぱいだったのです。でも，p4cをやっていたおかげで，自分の考えを話すのが怖くなくなりました。

B児：大きくなったら，p4cのすばらしさ，楽しさをいろいろな人に広げられたらよいと思っています。これからもp4cで絆を深めたいと思います。

C児：p4cを行うことで，作文を書くことが好きになり，自分の意見を言えるようになりました。p4cを世界中の人に知ってもらい，いつかp4cが科目になればよいと思います。

D児：p4cは大人になるための準備。p4cで学んだことは全て将来につながると感じています。自分で出した答えだから，決して忘れることはありません。今までやってきた「問い」は全て人間として心にとめておかなければならないと思います。人から教わるものではなく，自分で考えるべきものなのです。学んだことの一つ一つが宝です。

E児：普段の生活でも生かせるので，一粒で三度おいしいwin-winなシステムのすばらしい話合いです。

　「探究の対話」を通して，学級集団そのものが探究する集団に変われば，子どもたち同士の関わりや絆が深くなっていきます。それは，対話をすることで，視野や考え方が広がるからです。深く考えるようになった，前向きになれたと子ども自身が自己の変容を実感できれば，学びのコミュニティの変化にもつながります。こうした集団と個人の育ちの関係は，学習の効率化という点においても期待ができます。「探究の対話」の授業から，多くの教師が，子どもは話したがっている，対話が好きだということに改めて気付きました。クラス担任でさえも，子どもたちの意外な側面を発見し，深く感動したのです。「探究の対話」の力は，自分を丸ごと受け入れてもらえたという自己有用感を得て，次へ進んでいこうとする学びの姿勢が成長することにあります。学ぶことに喜びをもっている子どもは崩れません。「心の教育の充実」を目指す学校教育で「探究の対話」に取り組む意義はそこにあります。

## (2)　「探究の対話」は言語活動を通して互いを受け入れるコミュニティをつくる

　科学技術の発展，国際化・情報化の波の中で，日本社会が大事にしてきたアイコンタクト，しぐさや顔の表情などの非言語的なコミュニケーションの価値は，どこか薄れてきています。目の前の相手には，明確な根拠に基づく意思をもった上で，考えを適切に伝えることができるよう，論理的に，そして分かりやすい言葉を駆使して表現することが，必要以上に求められています。人は言語を使って考えます。当たり前のことですが，学校教育で言葉の力をどう育てるのか，教師自身が言葉にこだわって子どもと接しているのか，という大事な点が実際はおざなりになっているのではないでしょうか。また，情報が多方面から入ってくるためか，子どもたちは知識が

豊富で，巧みに言葉を使いこなしているように見える反面，その意味をあまり分かっていません。発した言葉に思いやりはあるのか，人の気持ちを察知しているのか，相手の立場は捉えているのか，疑問に感じることが多いと感じます。学校課題の一つである人間関係調整力やコミュニケーション力を鍛えるためには，日常の学習指導においてこそ対話を重視すべきです。さらに，これからは，教材を読み取れば分かるという指導にとどまらず，「なぜ人はそうするのか」と，生きることに関わる本質的な「なぜ」を問わせるような視点の切り替えをしなければ，未来社会を生き抜く子どもたちに身に付けさせたい真の学力（生きる力の根源）の向上は望めないと思います。

　「探究の対話」のエッセンスは，人の話を聞くことができる子どもを育てることにあります。聞く姿勢が生まれ，相手への尊重という素地ができれば，自分と違う考えを認めようとする心が養われます。私は，「探究の対話」は自己内対話を通して考えることを楽しみ，多様性を互いに認め合うことの訓練でもあると考えています。友だちの考えを聞いて，相手のことを理解できるようになることは，たとえ小学校1年生であっても，人間関係形成力のスキルアップになります。「探究の対話」でつくった知的な安心感（心から湧き出るセーフティ）と，自分で立てた「問い」の解をまず自分で考え，協働的に問題解決を図るというプロセスを様々な学習に生かすことで，「問い」を自分事として捉え，根拠を示しながら，自分なりの言葉で表現しようとする子どもが増え，言語活動が充実していきます。言葉を通して物事を捉える視点「見方・考え方」を働かせる学習は，学級を学びの集団として成長させつつ，子どもたちの力だけで互いを受け入れるコミュニティを構築できるようにするのです。

## (3)　「探究の対話」は「考え，議論する道徳」への質的転換を導く

　ここで，時代の変化を反映した次期学習指導要領の目玉である「考え，議論する道徳」への質的転換に向けて，「探究の対話」がもたらす成果について触れたいと思います。道徳科の目標は「自己を見つめ，物事を多面的，多角的に考えて，自己の生き方についての考えを深める学習を通して道徳的実践力を養う」ことです。前任校からの4年間，「自己の生き方について考えを深める子供の育成　−自分で考え，判断し，行動できる子供を育てる−」を目指し，道徳科の問題探究的学習の場面で「探究の対話」を取り入れ，その成果を検証してきました。道徳的価値を自分事として考えさせたことによる子どもの姿は，①自分の言葉に責任を持つようになる　②授業の最後まで「問い」が子どもの中に落ちているので，言葉を磨くようになる　③限りなく他者理解が進む　④どうすれば良いのか考えるようになり，説明のつく規範意識が生まれる　⑤自己の生き方について深いところで話ができるようになる，などです。道徳科の実践を通して，多様な価値が葛藤する場面や状況において主体的に選択し意思決定する力を培うためには，児童が具体的な問題を考察して自分なりの解決を見いだしていく「探究の対話」が大変効果的であると分かりました。共感的追究や求め合う人間関係づくりに向けて，今後も「探究の対話」のさらなる実践を重ねていきたいと考えます。なお，p4cみやぎ発行の「道徳で『探究の対話（p4c）』をはじめよう（2017年6月版）」を是非ご参照いただきたいと思います。

## (4)　おわりに

　学校は今，家庭教育の下支えや投げやりな態度を示す子どもたちの愛着障害への対応など，課題が山積しています。個別に支援を要する児童同士の摩擦が生徒指導上の問題に広がり，いじめが止まらない背景には，子どもたちの生活そのものが複雑化している点も否めません。このままでは，全身全霊をかけて解決にあたる教員の閉塞感，疲弊感が増すばかりです。

　子どもは自分を受け入れてくれる居場所があれば，いじめに向かうことはありません。そして教師も，未来のある子どもたちに生きることの意味を考えさせているという充実感を持てれば，ポジティブに子どもと向き合い，学校課題の困難さを乗り超えていくことができます。「探究の対話」は，いじめの未然防止を含め，学校教育の質を向上させる確かな学習手法になり得るに違いありません。

# 次代の教育を支える基盤

宮城教育大学　教授　**田端 健人**

## (1) 教育を支えるもの

　哲学者にして教育学者だったオットー・フリードリッヒ・ボルノウ（1903-1991）には，『教育を支えるもの』という邦訳名の著作があります。この本のもとになった原稿を，ボルノウは，1959年，日本で開催された国際教育学会議で講演しました。西洋の教育思想史と哲学，そしてドイツの教育現実をもとに彼が表明した「教育を支えるもの」は，歴史と文化を異にする日本の聴衆にも，深い共感をもって迎えられました。この経験を通して，ボルノウは，「教育を支えるもの」が，ドイツであれ日本であれ，「民族や文化のあらゆる境界を越えて，変わりがない」ことを確信しました。

　ボルノウが講演で指摘した「教育を支えるもの」は，ひと言でいえば，「安心感」です。それをボルノウは，「ゲボルゲンハイト（Geborgenheit）」というドイツ語に結晶化させました。この言葉は，「やさしく包み込まれ守られていること」を意味し，「被包感」とも訳されます。教育を支える「基盤」というと，「岩盤」のように頑丈なものをイメージしがちですが，ボルノウが見出した基盤は，むしろ，子どもをあたたかく包み込む安心の「雰囲気」でした。

　ボルノウの教育哲学とは縁もゆかりもないハワイの島で，同じ「安心感」が，「セーフティ」という言葉で，教育を支える基礎とされたのは，単なる偶然でしょうか。p4cハワイスタイルによる探究の対話を実践するたびに，私たちは，セーフティが対話と探究の前提にして目標であることを実感しています。そして，セーフティが探究の対話のアルファ（α）にしてオメガ（ω）であることは，ハワイでも日本でも変わりないことを，私たち，p4cハワイとみやぎの実践者たちは，共感的に理解し合っています。

　さらに，ボルノウと私たちは，「教育を支えるもの」について，一歩進んだ知見を共有しています。それは，教育や探究の出発点にして目標である安心感は，いくつかの面をもち，その一つが「楽しさ」だという知見です。ボルノウは，次のように述べています。

　「陰鬱な気分では，生命の全体が暗く閉ざされます。ひとは自己自身の中へ引きこもり，自分の殻に閉じこもって，あげくは周囲の世界との接触を失ってしまいます。そして成長のすべての力が抑圧されてしまいます。心も縮む苦悩の中で，ひとは，あたかも日光にめぐまれない植物のように，全く文字どおりの意味で萎縮します。反対に，喜ばしい気分は，ひとを再び世界へと開いてくれます。ひとは周囲への関心をとりもどし，自分の活動に喜びを見いだします。喜びは，人間のあらゆる心的な力の成長を促すのです」。

　ボルノウは，「真面目さ」や「暗さへの傾向」を「教師の職業病」と批判し，「いかなる笑いをも直ちに無作法と邪推する教師の不信は，嘆かわしいもの」だと言います。「快活な笑い」や「子どもらしい天真爛漫さ」を「不真面目」とみなし，教育の場から排除しようとする教師らしい態度は，教育をはなから台無しにしているのです。

　「笑いが明けっぴろげに起こるところでは，同時に，仲間はずれとか，内的な反抗とか，いっしょにやりたくない気持などの壁が，必ず破られています。そのような笑いによって，子どもは，みんなとの共同の中に融け込まずにはおれなくなります。」

ジャクソン教授にインタビューする筆者

これは，p4c ハワイの生みの親，トーマス・ジャクソンの言葉そっくりです。ジャクソンは，次のように言っています。

「セーフな場所には，笑いがあります。テレビ番組で効果音として使われる録音された笑いではなく，本物の笑い，意味のある仕事や遊びを共有することから湧き出る本物の笑いです。」

もちろん，笑いには，陰湿な笑いや軽蔑的な笑いもあります。そうした笑いが，安心感の正反対であることは明らかでしょう。また，真剣な探究に，笑いがなかったとしても，それは上で批判された「真面目さ」ではなく，むしろ，ボルノウのいう「喜ばしい気分」や「快活な気分」，あるいはわくわく感や，ジャクソンのいう「ワンダー」に鼓舞されているはずです。

## (2) 「ラッシュ」の時代

　このように，ボルノウやジャクソンを導きとして，「教育を支えるもの」をたどってみると，世の多くの「教育」が，これとは違った原理原則を基盤にして成り立っていることに気づきます。世間で広く行われている教育が，安心感や喜ばしい気分を原理としていないからこそ，ボルノウやジャクソンは，その重要性を批判的に指摘したのでしょう。

　そうすると，「教育を支える基盤」は，一つでないこともわかります。教育が，異なる基盤に支えられるなら，方法も理念も異なります。その全てを見通すことはここではできませんが，対極にあるのは，不安感，恐れや強迫を駆動原理とする教育であり，ジャクソンが「ラッシュ（rush）」と呼ぶ世の趨勢に巻き込まれた教育です。

　「ラッシュ」というカタカナ英語は，「ラッシュ・アワー」などのように日常語としてもよく知られています。もとの英語 rush は，「急ぐこと」「忙しさ」「（麻薬などによる）興奮」を意味します。ジャクソンは，私たち現代人の存在様式を，そして世間一般の教育の基盤を，「ラッシュ内存在」と洞察しました。

　「打ちのめすような現実は，次のようになっています。すなわち，事実上，私たち，──親，教師，行政官，ビジネスマン，政治家，そしてますます多くの子どもを巻き込みながら──私たちは，ラッシュの内に存在しています（We ……ARE in a rush）。」

　この「ラッシュ内存在」は，「急いで何かを達成する」という日常的なあり方にもなります。

　「私たちは，急いで何かを達成するという仕方で存在しています。例えば子どもをサッカーの練習に連れていくという目的を達成したり，最新のメールに返信する目的，企画案を提出する目的，テストの点数をあげる目的，『落ちこぼれを出さない』という目標，イラクの人びとに民主主義をもたらす目標を達成する，といったように。」

　私たちはこのように，常に何かを達成するよう駆り立てられています。社会ではもちろん，学校でも，教師も子どもも，「やること」が山ほどあり，それに追われています。それを達成できなければ，「落ちこぼれ」です。このように忙しなく駆り立てる現実の中で，「教育」は，目標やノルマの達成，求められる人物像の達成になっています。

　「学校」を意味する英語のスクール（school），ドイツ語のシューレ（Schule）はいずれも，ギリシア語のスコレー（σχολή）に由来し，この語は，「ひま」「閑暇」を意味していました。学校は，

古来，忙しく駆り立てる現実から身を引く場，守られ安らいだ空間とゆったりした時間の中で，真理探究に没頭できる場所でした。ところが今や，学校は，大学も含め，ほとんどの場合，大人社会と同じ多忙な場所，たくさんのことを急いで達成するラッシュな場と化しています。

## (3) 「次代の教育」を考える

「教育を支える基盤」について以上のように整理した上で，「次代の教育」を考えてみましょう。

次の世代や時代にやってくる教育は，どうなっているでしょう。また，次代を担う子どもたちを，どう教育すべきでしょうか。そもそも，次代の世界や社会は，どうなっているでしょうか。

「来年のことを言えば鬼が笑う」と言われますが，「次代」となるとなおのことです。しかし，かつて鬼が笑ったかもしれない未来の空想が，次々と現実のものになっているのも事実です。鳥のように空を飛びたいという人間の夢は，20世紀の幕開けとと

次代を担う子どもたちのために

もに，現実のものになりました。それどころか，今では，宇宙空間での無重力体験とか，月への小旅行とかは，夢ではありません。あるいは，不老不死という太古からの人類の夢にも，私たちは徐々に近づきつつあります。20世紀初めに，50歳を下回っていた日本人の平均寿命は，第二次世界大戦後には50歳を超え，今や男女ともに80歳を超え，今後も延びることが予測されています。また，体をつくるあらゆる細胞に成長する能力をもつ「万能細胞」が人工的につくり出されました。この万能細胞によって，体の様々な組織や臓器を再生させ，難病を治療できる時代が幕を開けようとしています。

このように，空想科学小説つまりSFが描いてきた突飛な発想は，次々と現実のものとなっていますし，今後もなっていくでしょう。それを現実のものにしているのは，科学技術に他なりません。政治哲学者ハンナ・アーレントによれば，「科学は，人間が夢見てきたことを実現してきたにすぎない」のです。

ただし，夢がひとたび現実のものになると，私たちは夢のような生活を味わうと同時に，予想だにしなかった難問に直面することにもなります。科学技術の進歩は，問題を解決するのと同じくらい，かつてなかった新たな問題を生み出します。例えば，飛行機や自動車の普及は，私たちの生活を便利かつ豊かにしてくれました。しかし同時に，エネルギー問題や環境問題を生み出しました。それを解決する科学技術，夢のクリーンエネルギーと称された原子力発電も，重大事故を起こし，想像を絶する規模と深刻さで汚染物質を撒き散らし，まちや村を瞬時に人々の住めない場所に変貌させました。デブリをどう取り除き，廃炉にするか，事故を起こしていない他の原子力発電所を再稼働するか否かは，解決困難な大問題になっています。

この他にも，遺伝子組み換えやクローン技術や延命治療など，科学技術が進歩するたびに，次々と新たな難問が生み出されています。しかも，これら正解のない問題が応答を求める相手は，一部の科学者や研究者よりも，むしろ私たち一般市民なのです。

将来における科学技術の進展というほぼ確実な動向からすると，次代の教育では，答えの出ない問いが，これまで以上に重みをもつことになるでしょう。次代の学校や教師，あるいは社会が，こうした問いから目をそらすか，それともそれを直視するかは，未来の人々の手に委ねられています。

もし後者の道を歩むとすれば，次代の教育を支える基盤の一つとして，答えのない問題を探究するコミュニティが，今以上に広く受け入れられているはずです。

## (4) 「多様性」を尊重する次代へ

　答えの決まらない難問が将来増えていくのは，科学技術の発展に加え，生命そのものに含まれる「多様性（diversity）」を認めることにも由来します。

　経済協力開発機構（OECD）を母体として，1997年に開始したDeSeCo（能力の選択と定義）プロジェクトが，「二者択一を超えて」と題し，2003年に指摘したことは，今後なおいっそうよく当てはまるに違いありません。

　「差異や矛盾に対処する能力は，経済と教育の領域において，鍵となる能力のリストに頻繁に登場します。多様で複雑な今日の世界が要求しているのは，私たちが，単純な一つの答えに飛びつくことではなく，あれかこれか性急に結論を出すことでもなく，むしろ，矛盾していたり，両立しないように見える目標を，同じ現実の複数の側面として総合することによって，例えば，自律と連帯，多様性と普遍性，革新と一貫性といった緊張にうまく対処することです。」

　この引用文で，DeSeCoは，「今日の世界」を，「多様で複雑」と特徴づけています。この多様性には，人種や民族の多様性も含まれます。そのため，DeSeCoは，鍵となる能力（キー・コンピテンシー）の一つに，「異質な集団での相互交流」をあげました。

　多様性，これは生命の根源的要素と言えるでしょう。月や火星よりも，この地球という惑星は，多様性に満ちています。地球には，生命の母体となる水があり，しかも，固体・液体・気体という多様な姿で存在しています。地球には，陸と海があり，山と谷と平野，川や湖や沼，砂浜や海岸，浅瀬や大洋などがあります。こうした多様な環境に適応し生息するために，動植物は多種多様な存在形態をとっています。人類の多様性は，群を抜いているかもしれません。人種や民族の違い，言葉や文化の違い，価値観やものの考え方，見方や感じ方の違いなど，多様性の宝庫です。

　人間は，一方では，多様性を否定し抹消しようとする衝動をもっています。ある個人や集団が，他の個人や集団を支配し同化させたり，抹殺したりするのは，日常でも歴史でも頻繁に見られる出来事です。しかしもう一方で，人間は，多様性を認め，敬愛し，推奨することもできます。これまでも，これからも，人類の歴史は，この両極の力のせめぎ合いになるでしょう。

　「子どもの哲学ハワイ・みやぎ」は，多様性を尊重し，多様性がハーモニーを奏でる次代の教育の基盤となることをめざしています。

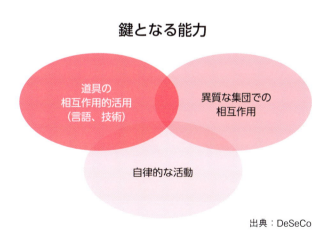

鍵となる能力

出典：DeSeCo

## コラム⑥

# 「p4c が教えてくれたこと」 ＜作文コンクール応募作品＞

仙台市立八本松小学校5年　三浦 誉稀

　私は3年生のときから，p4c（探究の対話・子どものための哲学）という学習をしてきました。p4c では丸くなって話し合います。丸くなると一人一人の顔が見えるので話しやすいんだと感じています。中でもコミュニティボールをもった人だけが話すことができるセーフティというルールを大切にしています。

　昨年，5年生のときのことです。野外活動前に，あるもめごとが起こりました。私たちは集団で行動することを目標に活動を進めるはずでした。しかし，勝手なことを口々に言ったりして，まとまることができていなかったのです。先生は呆れてしまい，「自分たちで考えなさい」と言って教室を出て行ってしまいました。

　その時に，私たちは p4c で話し合ったらどうにかなるのではないかと考えました。自分のクラスだけでなく，学年全体でやったので丸くはなれませんでした。一人一人の顔が見える状態ではありませんでした。しかし，セーフティというルールがあったから，話合いが順調に進んだのだと思います。

　普段の私たちは，誰かが話すたびに誰かが反応し，注意する声もまたうるさくなり，話合いができない「最悪の学年」と言われた学年でした。でも，セーフティというルールがあることによって，コミュニティボールを持っている人だけが話せるルールを大切にしたことで，一人一人の意見をよく聞くことができ，話し合って納得して野外活動を成功させられたのです。私は p4c のセーフティというルールは，普段の話合いではできない，答えの出ない問いを考えるため，そしてよく聞き，よく考えるために必要だと思いました。よく考えるためにセーフティがあったから良い話合いができたと考えています。

　私たちは，話し合った後に，それぞれの考えを p4c カルテという紙に記録して，問いなどを忘れないようにしています。その時その時の自分の考えが記録しておけるので，前の学年のときには言えなかった自分の考えが，今なら言えると感じたり，考えをまとめたりすることができています。私自身 p4c では，普段言えなかったことを言えるようになりました。私が心に残った問いは，「私たちは死んだらどこにいくのだろう？」です。私は天国や地獄かと思いました。

　こういう問いは授業の中ではなかなか話し合えない本音に出会える問いだと思いました。みんなが順番に意見を言っていくので，私もみんなの意見を聞いて，意見を変えたりして堂々と意見を言えるようになって来ました。

　私は，p4c のおかげで，意見を言うだけでなく行動に変えられたと思います。

　私は，p4c はなんと素晴らしいものなのかと思いました。相手の顔が見えて，友だちの意見を聞ける，そんな p4c を私はこれからも仲間と続けて，中学校の友だちや先生方にも p4c のことを伝え，p4c での経験を大人になっても忘れないようにしたいです。

## 終章

# 「探究の対話（p4c）」の すすめ

　ここでは，「探究の対話（p4c）」に共に取り組んで来た仲間たちや応援したり，協力したりしてくれた方々からのメッセージを紹介しています。最後には，実際に活動を経験してきた子どもたちやその保護者の方々からの声も載せています。「探究の対話（p4c）」への熱い思いを受けとめていただけたら嬉しいです。

## 被災した子どもたちの心開くことを願って

国立大学法人宮城教育大学　学長　**見上 一幸**

　対話する人が車座になって，その間をコミュニティーボール（毛糸の玉）が行き交う。そしてボールを受け取った人が話し，話し終えると次の人を選んでボールを渡す。この繰り返しの中に和やかな空気が流れている。外から見るとこれが p4c の風景である。そしてこの風景が，日本の学校で広がりつつあると聞く。ハワイで考案された p4c の手法が，日本で広がりつつある状況に立ち会うことができたことは，たいへん幸運だと思う。

　この光景の中で，最も大切なことがセーフティーという考え方であろう。この場は何を言っても否定されたり，非難されたりすることはない"安心"というルールの上に成り立っており，素直な気持ちの表現が期待される。はじめて p4c に接したとき多くの人は，車座に座った人たちの間を行き交う毛玉のボールという形にとらわれがちである。そこでその"心"とは何かが気になる。p4c を考案されたジャクソン氏によればコミュニケーションの核となるものは，ワンダー（Wonder）であるという。ワンダー，つまり，不思議だな，どうしてだろう，知りたいな，という感性ともいえるものであろうと私は理解した。そしてなぜか腑に落ちたように感じた。

　そもそも宮城教育大学が p4c に注目した理由は，千年に一度という想定外の大震災に見まわれ，被災した多くの子どもたちの閉じた心をどうしたら開くことができるかということにあった。震災で閉じた心を開くことを願い，教育の復興を願ってはじまったこの p4c の活動は，現在，「道徳教育」の推進のための手法としても，さらには「いじめ防止」や「不登校の問題解決」にもつながる活動として，注目されつつあり，新たな広がりを見せていると聞く。

　p4c の心とも言えるワンダーという感覚は，子どもの頃は研ぎ澄まされているが，歳とともに退化するのではないかと感じている。歳を取ると全て周囲が当たり前の日常の世界となり，ワンダーの感覚を失う。だから子どもどうしのワンダーの高め合いは，子どもたちの成長につながると思うし，ワンダーを失いつつある大人は，子どもたちの言葉から非日常としてこのワンダーを学ばねばならないのだとも思う。私自身は，まだ p4c の入り口に立ったばかりであり，これからもさらに深められることを期待している。

## 点から面へ

白石市教育委員会　教育長　**武田 政春**

　白石市の全小・中学校で探究の対話（p4c）の取組を始めて，2年目を迎えました。市内の学校を訪問した際，探究の対話（p4c）の実践を目にする機会も確実に増しています。

　これまで一部の小・中学校での限られた取組であった探究の対話（p4c）は，確実に市内の学校に広まりつつあることを実感する今日この頃です。

　以前，市内の小学校で探究の対話（p4c）の実践を参観する機会がありました。円座になり，コミュニティーボールを回しながら楽しげに対話をする子どもたち。問いに基づき，はっきり自分の意見を述べ，コミュニティーボールを回しながら次々に意見が展開していきます。しっかり自分の意見を述べる子どもたちにも驚かされましたが，私が何より印象的だったのは，その話にしっかり耳を傾ける子どもたちを数多く目にすることができたことです。昨今，自己主張はしっかりするものの人の話が聞けない子どもたちが多くなっている印象があります。他人の意見をしっかり聞くことができれば，そこから相互理解が生まれ，思いやりの心が育まれるのではないかと思います。

　本市では，「徳・体・知」の育成を大切にしています。「知・徳・体」の順だと思われる方が多いと思い

ますが、本市ではずっと「徳・体・知」として、市の教育方針を掲げてきています。豊かな人間性の育成を最も重視しているからです。いくら知恵があっても、その基盤となるのは、豊かな人間性と丈夫な体があってのことと考えるからです。

「道徳の特別教科化」や「主体的・対話的で深い学び」など、学校教育は大きな転換期にあります。喫緊の課題も山積する中、探究の対話（p4c）には、この転換期を乗り切る大きな可能性を感じています。本市では、小・中学校9年間のスパンで探究の対話（p4c）を実践し、子どもたちに様々な力を育んでいきたいと考えています。取り組むに当たっては、教職員の理解を得ながら、地道に、そして着実に推し進めていきたいと考えています。

## 「未来を生き抜く力」が身に付くと確信した「p4c」

日本教育新聞社 編集局 記者 **渡部 秀則**

2013（平成25）年の年末、仙台市へ取材に出向いた。内容は「p4c」という、初めて聞く取組。事前に資料を読んでみたが、具体的なイメージを持てないまま、会場に到着することになってしまった。不安を抱えたまま始まった取材。しかし、コミュニティーボールを作り、みんなで決めた「問い」について対話を進める子どもたちの姿を見ているうちに、不安は全て消え去った。そして、野澤先生が感じたことと同じ、「うまく言えないが、何かがある」という思いが心に残った。

その「何か」を明確にしたいと考え、志願して取材を継続した。仙台市や白石市の小学校の授業を拝見し、取り組まれた先生方の実践・研究発表を聞かせていただく中で、「『p4c』を経験した子どもたちには、絶対に『未来を生き抜く力』が身に付く」という確信を持つことができた。

日々の取材を通し、全国各地の小・中・高校で授業を拝見する機会も多い。先生方の努力もあり、「子どもたちが対話しながら探究を深める授業」が増え、その質が高まっていることを実感している。しかし、失礼なことではあるが、「p4c」を知るからこそ、「少数ながら対話に加われない子どもがいる」などという物足りなさを感じてしまうことがある。

あくまでも私自身の感覚ではあるが、「普段ほとんど話をしない子が意見を発表するようになった」という事例は、特に「p4c」に多く見られる。理由は何かと考えて出した自分なりの結論は、「『p4c』はセーフティーの確立を特に重視した活動だから」。安心して話をすることができる環境が保障されているからこそ、全員が自分の考えを発言し、それが深い探究に結びついていると思う。

新学習指導要領で強調されている「主体的・対話的で深い学び」を具現化しており、今後の日本の教育に大きな影響を与える可能性を秘めた「p4c」。宮城県で発展したこの取組が全国に広がり、誰もが互いを認め合い、その上で議論を深められる環境が当たり前になることを望んでいる。

## 大人の「p4c」でもっと幸せに！

オレンジフィールドテニススクール 代表 **横田 悦子**

「p4c」で問いに向かった時のあの感覚は言葉で表せない不思議なものです。ずっと考え続けてしまう魔法にかかったみたいです。それまでの自分とは心が違うのです。これを経験した子どもたちは答えが一つではないことを実感し、多様な考えを知り受け入れる下地が生まれるのではないでしょうか。このことは「生き抜く力」に繋がります。人と違うことに違和感や恐怖心を抱かない豊かで強い心を持ち、違いを認め違いを楽しむ深く幅のある心の熟成が図られるのでは

147

ないでしょうか。教師の顔色を見ながら正解を発言するという従来の主流である進め方とは大きく異なる「p4c」。

　この魅力的な「p4c」を，大人として真面目に取り組んでみたいと思ったのは2014年のことです。「大人にとってかなり難しい「p4c」に，職場に定着させてみよう。きっと今より幸せになれる。安心して話をすることができる環境を作り出し職場を変えよう。」そんな夢みたいなことに挑戦しはじめました。先ずはお互いの信頼感を高めセーフティが担保できる環境づくりからスタートです。そのためにクラブの運営を根底から変えました。評価システムを変え，様々な機会を捉え「大人のp4c」の下地作りをしました。2016年，取組の成果がかたちになり，東北代表として実業団テニス全国大会への初出場を果たしました。同時に惨敗を味わい，積み上げた信頼もチームワークも崩れ，会話もなくなる程でした。ここで再び「p4c」で信頼関係の再構築を図りました。

　つまづきながらも少しずつ進めてきた挑戦は4年目を迎えました。信頼できる自己評価システム「パーソナリティ診断」の結果では，自己有用感と目標達成能力の項目で顕著な向上がありました。先日行った「p4c」の問いは「実は，ちょっと秘密にしていること」でした。心を開いて自分から発言してくれるスタッフが増えました。「p4c」以外の会議でも笑顔が増えました。全員が発言するようになり，本音が出てきています。「大人のp4c」の手応えを感じています。

## 世界は答えが決まっていない「問い」だらけ

仙台市立立町小学校　校長　**堤　祐子**

　以前，オランダにある日本人学校に勤務していたとき，併設しているアメリカンスクールの授業を参観できる機会が何回かあった。ある日の4年生の社会科の授業。15人くらいの子どもたちは床に座り，黒板には「Citizenship」と一言書いてある。教師は，それについてどう考えるか問いを発し，子どもたちは自分の考えをそれぞれ述べている。その場面を見たとき，日本との教育の違いに衝撃を受けたのを覚えている。まだ，日本で総合的な学習の時間が始まる前の話である。

　「p4c」を最初に知ったとき，その情景が脳裏に浮かんできた。前任校の西中田小学校で職員が実践する様子を見ていると，子どもたちより教師の方が生き生きして見えることがあった。正解がない話合いを楽しめる教師は，大物だ。子どもたちが生きていく未来社会は，正解のない「問い」だらけだから。しかし，「p4c」は大物の先生しか取り組めないかというとそうではない。

　「p4c」の魅力は，一人一人の子どもの可能性を引き出せるところにある。円座になり，雑談ではなく同じテーマで話合いが進んでいく中で，なかなか意見を言えない子どもたちにも安心して話せる場が保証されている。セーフティは，児童生徒にとって何よりの居場所になる。「p4c」の学びの後に，「考えることが楽しい」と感じた児童が増えたという教師の感想がある。どのように教師が関わっていいのか模索しているという感想もある。

　「p4c」に共感し，実践を積んでいる先生方が増えている。まだ試行錯誤の部分もあるかもしれないが，確実に手応えを感じ，素晴らしい実践を発表している先生方もいる。「習うより慣れろ」ということわざがあるが，「対話的で深い学び」を体感してみたいと思ったら，まずは「p4c」をやってみるのも一考かもしれない。何事にも完璧ということはなく，自分ならこの場面で，またはクラスの実態からこういうふうにと，「p4c」のポイントを押さえながら取り組むことで，対話を通した深い学びの場が生まれることを期待している。

## 「TRY」ではなく「DO」の姿勢で……

仙台市立第一中学校　校長　**佐々木 成行**

　本校職員がハワイの先生方とミーティングをしていたとき，探究の対話（p4c）に共感し，「帰国したら，『TRY』してみます。」と語ったところ，「『TRY』ではなく『DO』でいいんです。」という言葉を返されたそうだ。「新しいことに挑戦するといった構えを作るのではなく，とりあえず実践してみること」が，探究の対話（p4c）に対する姿勢としては，大切だということだろう。さらに，「DO」の中には，「教師も一人の参加者」という意味も含まれている。

　探究の対話にルールはあるが，定型のモデルがあるわけではない。「どうやっていいか，よく分からない」といった声もよく耳にする。問いも生徒に設定させるし，対話が始まれば，予想もしない意見も出てくる。「あの発言に，こう切り返せばよかった」などという反省は常である。

　一度や二度うまくできないからといってあきらめるのではなく，一人の参加者として気軽に「やること」を楽しむのである。やらないと何も始まらないし，やることそのものの積み重ねが，生徒を変容させ，教師さえも変えていく。

　本校では，授業ばかりでなく，部活の指導場面や不登校生徒間での対話など様々な場面で，楽しみながら探究の対話（p4c）を活用している教師が存在する。生徒の可能性を信じ，生徒の話に耳を傾け，生徒に寄り添って教育活動に当たる教員が，少しずつ増えていく現実を目の当たりにして，本当に力強い思いがする。

　まずは，ルールを理解したら，何ら構えることなく，やること。そのことが肝要なのである。

## 生きづらさを感じる子どもたちにとっての「探究の対話（p4c）」

仙台市立茂庭台小学校　校長　**三井 裕**

　「なぜ，人はけんかをするのか？」。これは，2017年6月にハワイの先生方が来校されたときの本校6年2組のp4cの問いだ。

　子どもたちから様々なけんかの原因が出された後，「ところで，いいけんかってあるの？」という話題になった。

　「けんかをして，相手のことが前よりよく分かるようになるから，いいけんかもある。」

　「どんなけんかでも心が傷付くことに変わりはないから，いいけんかはない。」

　「人を守るためのけんかならいい。」

　「多数の人からいじめられている人を守るのは分かるけれど，一対一のけんかで守るってどういうこと？一対一で一方を守ると差別になるのでは？」

　「仲の良い人の方を助けるのはいじめと同じ。」

　「守るっていうのは，弱い人や苦しい人を助けてあげるということ。」

　実は，この対話の発言者の中に，普段の学校生活では，自分の思いや考えを相手にうまく伝えられなかったり，友だち関係が上手に築けなかったりする子どもが複数含まれている。生育歴，家庭環境，発達上の特徴等から，学校においても家庭においても生きづらさを感じている子どもである。そうした子どもが，この問いを自分事として真剣に受け止め，積極的に自分の考えを語っている。

　この時間のp4cが特別なのではなく，本校での3年以上にわたる取組をずっと見てきて，なぜか，p4cには，生きづらさを感じている子どもたちが，自分を素直に出せる何かがあると実感している。その何かは，安心してものが言える「セーフティ」にあるのか，「子ども自身が考える答えがない問い」によるものなの

か，そのほかにも秘密があるのか，まだ，私にはその答えが見つかっていないし，答えがないところが探究の対話（p4c）のおもしろさなのだと思う。

## 目指せ！「よりセーフティな学校」を！

白石市立白石第一小学校　校長　**小関 俊昭**

　子どもたちは日々の生活の中で様々なことを考え，発信しようとしている。しかし，学校の中では自分の思いや考えをじっくり聴いてもらえる時間はそれほど多くない。そのため，大きなストレスを抱えたり，自分の殻に閉じこもってしまったりするような子どももいる。子どもたちにとって周りの友だちや大人（教師）に「自分の話（考え）を聴いてもらえる」機会は，自分の存在を認め，褒めてもらえるくらいうれしい時間に違いない。もちろん大人の私たちでさえもうれしいひとときであるから，子どもたちであればなおさらのことである。

　自分の思いや考えを聴いてもらえる「p4c」の時間は，本校の子どもたちにとって貴重な時間である。自分たちが設定した「問い」に向き合い，自分の考えを自分の言葉で一生懸命表現しようとするその表情は真剣そのもので，時には教師が驚くほどの深い考えや思いを出すこともある。これは「p4c」で守られているセーフティがバックボーンにあるからで，自分の考えを尊重してもらえることは，子どもたちにとって大きな安心感に繋がっている。また，「p4c」を実践していく中で，子どもたちが互いの考えを聴き合うことにより視野を広げ，考えを深めていく様子を直に見られることは教師にとっても大変うれしい時間である。

　本校では，「p4c」を主に学級活動，道徳等で取り入れているが，全校集会，学年集会等での子どもたちの話を聴く態度にその成果が表れていることを実感する。さらに，深刻ないじめもなく，不登校の児童も減ってきている。本校の職員の努力はもちろんであるが，「p4c」の導入も大きく影響している。本校のように「p4c」を核にした，よりセーフティな学校，そして子どもたちや職員一人一人の考えが尊重される学校を目指す取組がさらに増えていくことを切に願っている。

## 子どもたちが「p4c をしたい」と言うとき

仙台市立八本松小学校　教諭　**砂金 みどり**

　「『修学旅行について』p4c をして皆で考えたほうがいいと思う」修学旅行を 2 週間後に控えたある日，クラスの一人が発言しました。問いは「何のために修学旅行に行くのか」です。現在受け持っている子どもたちと p4c を始めたのは，4 年前，彼らは 2 年生でした。手探りで始めた p4c は，回を重ねるごとに子どもたちを変え，教師を変えました。

　p4c を通して子どもたちは，ほかの人の考えを聞くことの良さに触れ，自分が話すことを友だちや教師に聞いてもらえるという実感と安心感を持ちました。対話の中で話すことが，友だちを知り，自分自身を知ることにもなることを理解してきました。いつもうまく話せるとは限らず，友だちの考えに納得できるとも限らないのですが，それでも対話することは必要だと感じるようになったのです。

　現在の中学 3 年生を 6 年生で担任したときも同様で，「p4c で話したことは決して忘れない」と言って卒業した彼らは，今も「また集まって p4c をしたい」と言います。同窓会気分もあるかもしれませんが，「皆と対話をしたいのだ」と私は理解しています。

　2014 年，p4c を始めて 2 年目の夏，ハワイ研修に参加させていただきました。「p4c の空気を感じて

きてほしい」という髙橋隆子校長先生からの宿題に対する私の答えは「教科にとらわれないp4cをしたい」でした。そして，日本の教育現場にp4cを取り入れることの良さと可能性を感じながらも，「p4cって何だろう」と考え続けることになりました。

「国語もいいけれど，まずは道徳」というのが2015年夏の結論でした。道徳の授業の中にどのようにp4cを取り入れていくか，仲間とともに試行錯誤を繰り返し，「誰でも始められる」方法を探りました。「セーフティ」があれば，「資料をどう使うか」「子どもたちがどんな状況の中にいるか」担任としての判断がいろいろな授業の形を可能にするという思いに至ったところです。

私の一番苦手な道徳の授業が，p4cを始めて最も楽しみな授業になりました。感謝！

### 楽しんで「一人の参加者」に

仙台市立芦口小学校　教諭　**磯畑 さおり**

　p4cの実践を始めたばかりの頃，「ねらいを達成せねば」「発言を引き出さねば」「失敗してはならない」このような思いで実践を続けていた。毎回，思ったように対話を進めることができず，少しも楽しくなかった。対話が深まり，上手くいったと実感したこともあったが，何故なのかは分からなかった。そんな中，ハワイの学校での実践を参観する機会をいただいた。そこで教えられたことは「fun」。楽しんでp4cに参加すること。教師も「一人の参加者」であるということ。

　よく考えれば，今までは実践をするときに，自分が上手くファシリテートしなくてはならないという思いが強すぎて，子どもたちの発言を聞いても，どう切り返すかばかりを考えていた。すると，自然に私の表情は険しくなり，子どもたちの発言は減り，対話は少しも深まらない。深まらないので，さらにどう切り返すか考え…という負のスパイラルに陥っていたのである。「fun」を意識してからは，楽しんで子どもたちの話を聞くようになった。以前より，「対話が深まった」「ねらいが達成できた」と実感することが増え，何よりp4cを実践することが楽しくなった。

　今回，このような機会をいただいたので，「p4cは好きですか」という質問を子どもたちにも投げかけてみた。話すことが好きな子もいれば，そうでない子もいる中で，意外にも「好き」と答える子が9割を越えた。好きだと思う理由は，「いっぱい喋るとすっきりする」「円くなるのがいい。黒板を向くより，みんなの表情が見えて『こう思っているのかな』と想像すると，より詳しいことが分かる」「いつもはあまり話さない友だちも，みんなで円くなるから『みんな』に聞いてもらっている感じがする。」「一つのことについて，みんなで考えることがいい」などだった。発言する子，しない子のどちらも，安心感を持って，主体的にp4cに参加しているからだと思う。

　p4cにもルールはあるが，まずは楽しんで参加すること。はじめの一歩はいつでも緊張感を伴うものだが，先生方には，ぜひ，楽しんで「一人の参加者」になってほしい。

### 「Just do it!」

仙台市立第一中学校　教諭　**間山 由佳**

　「僕たちのようにp4cをやっているクラスからは，いじめは起こらない」。これは，p4cを始めて2年経過した男子生徒の発言である。そして，その発言にうなずいたクラスの皆の表情が私の脳裏に鮮明に記憶されている。「p4cの最大の魅力は学級のセーフティである」と私は思う。自分が発言したことをクラスの皆がじっくりと聞いてくれる。そんな仲間がい

るクラスは安心であり，安全だと感じる。

　この 2 年間で数十回の p4c に取り組んできた。正直自分が満足できるのは数回である。目立ちたがり屋の男子生徒の独壇場となったときもあれば，知識をひけらかす女子生徒に他の生徒が引いてしまったこともあった。そうかと思えば，p4c の時間後の清掃時間にも机を運びながら生徒たちが問いについて延々と話している姿もあった。ある女子生徒は卒業の日，私への手紙に，11 月に行った p4c の問いについての自分の考えを書き綴っていた。また，普段授業で発言しない女子生徒が，p4c では自分の意見を述べることによってどんどんクラスに馴染み，笑顔で毎日を過ごすようになった。もちろん「p4c 大っ嫌い」生徒も存在する。p4c での発言は皆無，振り返りの自己評価は常に「全くそう思わない」を選択する。さらに授業の感想は「皆，体裁の良いことばかり話している」と書く。ある時，「誠実」についての p4c で，「誠実な人間は自分の気持ちを隠す」と男子生徒が発言した後に，その p4c 大っ嫌い生徒が挙手をし，「自分の気持ちを隠す人は誠実ではないと思う。それは誠実な心とは言わない。」と，ついに自ら発言したのであった。私にとっては最高の気分であった。p4c を行ってから，何人もの生徒のプラスの変容に気づかされた。

　先生方は「p4c の結末はどうする？」「生徒の反応が薄い」「切り返しの問いが分からない」など，多くの不安を感じているが，まずはとにかく始めてほしい。ハワイ大学の Ben 教授が 2 年前に私に言ってくれた言葉を，これから p4c を始める皆さんに贈りたい。"Just do it!"（やるしかない！）

## p4c で学級を変えよう

仙台市立西中田小学校　教諭　**櫻井　浩志**

　p4c を初めて行った後に子どもたちの感想を聞くと，ほぼすべての子どもが「楽しかった」と答える。どこが楽しかったかと聞くと「自分の言いたいことが言えた」「みんなが自分の顔を見て話を聞いてくれた」と声があがる。車座になりお互いの顔が見える中での対話。自分の話を聞いてもらった嬉しさが「楽しかった」の声になる。

　2 度目の p4c を行った後の感想でも「楽しかった」と答える子が多い。「自分と同じ考えの人がいて嬉しかった」「自分と違う考えがあってびっくりした」「あの人があんなことを考えているって初めて知った」との理由が出される。自分が話をしたり，聞いてもらったりしたから，相手を意識し，友だちの良さに気づいていく。

　3 度目の p4c。終わった後にはちょっとモヤモヤ感が残り，「楽しかったけど…」という子が出てくる。もっと話をしたかったし，友だちの話も聞きたかった。もっと続けたかったと言い出す。自分の考えと友だちの考えを比較したり，友だちの言葉に刺激されて心が動いたりしてくる。p4c によって，自分の考えをみんなの前で話す喜びを知り，聞いてもらう満足感を味わう。自分の周りを意識し，友だちと一緒に考える嬉しさを知る。そして，何より，自分自身で考えることの楽しさに気づいていく。モヤモヤ感の後には，自分で考え続ける姿が見られるようになってくる。

　こうなったらしめたものである。様々な場面で p4c が生きてくる。道徳，国語，総合的な学習の時間ではもちろんのこと，すべての授業の中で生きてくる。自分の考えを安心して言える学級，みんなが話を聞いてくれる学級，考える楽しみを知った学級，友だちの考えから刺激を受ける学級ならば，すべての授業が楽しくなってくるだろう。

## 「意識と本質を教えてくれる p4c」

仙台市立八本松小学校　教諭　**高橋 佳子**

「p4c の良さって，どんなことですか」と，聞かれたら，「テストや学力では評価できない子どもたちの心の良さや思いを，参加者が互いに認識できる仕組みがあること」そして，「全ての学習につながる，考える力，生きる力が育っていくこと」と，答えています。

普段，子どもたちとゆっくり話すことが難しいタイムスケジュールの昨今，教科の学習の中でも，じっくりと一人一人の考え方や，考え方の道筋を聞く機会が減ってきています。道徳の授業でさえ，立派な話合いはあっても，何故か行動や態度は変容しないと言った感覚を持つこともありました。

4年の歳月の中で，p4c は「考え続ける」子どもたちを育んでくれました。セーフティに守られた p4c の話合いは，本気で考える姿を通して，自分づくりができるかけがえのない場所です。

これまで発達障害を持つ児童の支援と学級経営のあり方をライフワークに取り組んできましたが，初めて p4c について伺った時，ハワイのカイルア高校では，警察が入るほどの暴力事件などで荒れ，問題を抱える生徒たちが p4c によって落ち着いた経緯を聞いて，強く惹かれた経験があります。

ADHD などの発達障害は見えにくい障害です。愛着障害や反抗挑戦性障害もあれば，人間関係を育てることはさらに難しくなります。しかし，p4c は自分を見つめ相手を思い，真剣に考える機会となっていきました。「意識」を持てた時，人は優しく強くなります。子どもたちからそう教えられました。

## 「5分でいいから，続けてみよう」

白石市立白石第二小学校　教諭　**小澤 裕**

p4c という聞いたことのない言葉に半ば不安になりつつ，出張先の授業参観に向かったことが思い出されます。その授業に驚かされ，研修で「セーフティ」という言葉を知り，それまでの自分の取組に疑問を持たざるを得ませんでした。その後，さまざまな学級を借りて取り組みはじめると p4c の魅力にすっかり引き込まれていきました。

セーフティの理念に近いものは，日本の学校文化にもぼんやりとあります。しかし，具体的，かつ，恒常的な取組があっただろうかと振り返ってみると，私には思い出せません。これほどまで子どもの可能性を信じ，任せる取組を知りません。セーフティが学級の中に広まり，問いとコミュニティーボールがあるだけで子どもたちは普段の授業と違った姿を不思議と見せてくれるのです。授業でなかなか自分の考えを話せない子が活躍したり，じっとしていることが難しい子が落ち着いた姿で対話に臨めるようになったり…p4c の取組をきっかけに話すことが億劫でなくなったという声も聞かれます。

研修で本場ハワイの p4c に触れる機会をいただきました。オアフ島を案内していただいた先生から「5分でもいいから，毎日取り組んでみて。きっと子どもたちは変わる。」というアドバイスをもらいました。その言葉を信じ，特に若手の先生には朝でも帰りでもいいから5分間の p4c の取組を継続することを勧めています。ある学級では，5分程度の取組を継続することで，セーフティが学級の中に次第に浸透していきました。そして，45分の取組では先生にあまり頼ることなく子どもたちだけで問いに沿って対話を進めることができるようになりました。その中には友だちの本音を聞きたいという姿や自分のかつての苦しみをさらけ出す姿も見られるようになっています。

子どもたちが感じているセーフティの大切さは，学級の居場所づくりに一役かっているようです。あまり難しいことを考えずに子どもたちを信じて取り組んでみませんか。

## 「パス」の意義

仙台市立茂庭台小学校　教諭　**黒須 あゆみ**

「それでは，近くの人と2，3分間，意見交換をして下さい。」
　昨今，研修会に参加するたびに枕言葉のように語られる司会者の声。その声が終わるやいなや近くの人と差し障りのない話題で会話をつなぎ，疑問が解決したような気になっている自分。そんな自分を，失敗をして相手に迷惑をかけたと思えば思うほど，「ごめんなさい」の一言が軽く思え，声に出せなかった子ども時代の自分が，冷ややかな視線を送っているような気がしてならない。
　p4cの魅力の一つとして，私は，p4cには「話したくない時は『パス』をしてもよい」という約束があることを挙げるだろう。もちろん，私もp4cを始めた当初は，「『パス』と言う子や声を発しない子をいかにして語らせるか」ということに関心があったことは言うまでもないが。
　そのような心境に変化が訪れたのは，p4cを始めて3年目の夏休みだった。日程をやりくりして，毎年参加している2つの研修会に3日続きで参加した。疑問が浮かんだのは，2つ目の研修会の最中だった。「今すぐ役立つような知識があるわけでもないのに，なぜ私は，2つも研修会に参加して，黙って話を聞いているのだろう？」しばらく考えたあと，どちらの研究会にも的を射た質問をする司会者がいて，私はその「質問の仕方」が聴きたくて参加したのだ，という結論に至った。
　その時だった。p4cで「パス」と言う子や声を発しない子たちの顔が目の前に浮かんだのは。
　「パスや黙っていることを『考えていない』と捉えるのなら，今の私も『考えていない』部類に入るだろう。しかし，私は確かに考えている。そうだとするなら，『パス』と言う子や声を発しない子を『考えていない子』と捉えていた，私の子どもの見方にこそ，偏りがあったのかもしれない。」
　子ども時代の私がそうであったように，どんな子にも，言えないことや言い方の分からないことがある，そんな人と向き合う謙虚さを，私は「パス」から学ぶことができた。もちろん，「パス」には，まだまだ奥深い意義があるはずだ。それについては，今は「パス！」ということにしておこう。

## p4cというまなざし

栗原市立一迫小学校　教頭　**八巻 淳**

　探究の対話（p4c）をしていると，子どもたちの言葉にドキッとさせられることがある。
　「差別」をテーマに対話をした時，小学4年生の女の子は，「差別は絶対に良くない」とした上で「差別がなくなると，世界のバランスが崩れる」と言った。10歳の子どもは，大人の2分の1サイズのミニチュアではなくて，小さいながらも深く広い思考を持った立派な人間なのだという当たり前のことに気づかされる。
　探究の対話（p4c）の時間は，とても楽しい。むきになって自分の考えを語る子や，自分の思いにぴったりと合う言葉を一所懸命に探して口ごもる子。腕組みをして考え込む子。友だちの顔を覗き込むようにして話に聞き入る子。子どもたちの言葉は拙くて，話はときどき大きく飛躍するけれど，対話の流れを子どもたちにゆだねて，自分も一緒に考えていると，子どもたちは，普段の授業とは全く違った表情を見せてくれる。このことは，教師としての自分が，普段子どもたちの素直な思いを汲み取らずに授業を進めてしまっていることの裏返しでもある。
　現在の教育には，目に見える形での短期的な成果が求められていて，それに効率よく答えるための新しい教育手法が次々に生まれている。しかし，人間が手を加えすぎた自然環境がバランスを崩すのと同じように，新しい教育手法を次々に試みるだけでは，子どもたちを弱らせてしまうことにつながらないだろうか。

今，私たち教師に求められているのは，〇〇教育という名の新しい教育手法ではなく，じっくりと子どもたちと対話し，子どもたちを見つめるまなざしである。

探究の対話（p4c）は，教育手法ではなく，子どもを見つめるまなざしだと思う。

## ハワイ・ワイキキとの絆と p4c

仙台市立南小泉小学校（元　若林小学校）　教諭　**渋谷 建輝**

2011年3月11日，東日本大震災が発生し，大きな揺れと津波が沿岸部を襲いました。若林小学校も避難所となり，たくさんの地域の方々が避難してきました。学校が再開されるまで，子どもたちも不安な思いで夜を過ごしました。

新年度を迎え，上廣倫理財団並びに宮城教育大学のお取り計らいにより，ハワイ・ワイキキ小学校の先生方が若林小学校に来校することとなりました。当日は，ワイキキ小学校の子どもたちからの手紙やワイキキ小学校のTシャツなど，あたたかい支援をたくさん頂き，海外にも自分たちを応援してくれる人たちがたくさんいることを知りました。

2013年にはハワイ・ワイキキで行われている p4c を，当時私が担任していた学級の子どもたちを前に初めて披露していただきました。子どもたちはハワイ・ワイキキの先生たちと車座になり自己紹介から始まり，緊張しながらも先生方の話を興味深そうに聞いている様子でした。何となく雰囲気が和んできた頃には時間となりましたが，子どもたち一人一人は p4c に何か感じるところがあったようです。

ワイキキ小学校と若林小学校が姉妹校の提携を結び，交流会も毎年開催されるようになりました。p4c について学習する機会もあり，その都度担任となった学級で「なんちゃって p4c」と称してコミュニティボールを回す機会も増えてきました。ボールが回ってくると嬉しそうな顔をして話す子，何を言おうか考えながら発言する子，不安になってパスする子など，どの子も違った表情で「なんちゃって p4c」でありながらも好意的に取り組み，僅かではありますが p4c を通して学級の子どもたちの中に絆が生まれつつあることを感じていました。

2015年8月にハワイで p4c の研修を受ける機会を得て，ワイキキ小学校を始め様々な学校での p4c を目にすることができました。p4c がもたらしたものはハワイでの学力の向上や犯罪の低下という目に見える数字だけではありません。p4c に関わる人たちの思いや願いなど，目に見えない部分での絆を深めるものであると信じています。震災であまりに大きなものが失われました。しかし，今ではハワイ・ワイキキとの絆も生まれ，p4c の効果も多くの人が認めるものとなっています。p4c が多くの人たちに広く伝わり，さらに教育現場で活用できたらと思います。

# 「探究の対話（p4c）」を経験した子どもたちや保護者からの声

## ＜小学生たちの声＞

● p4c は大人になるための準備。p4c で学んだことは，すべて将来につながります。自分で出した答えだから決して忘れることがありません。今までやってきた問いはすべて，人間として心に留めておかなければならないし，人から教わるものではなく自分で考えるべきものです。学んだことの一つ一つが自分の宝です。（小6：D 小学校）

● はっきり「これが身についた」というものは分からないけれど何となく何かが身についた気がします。（小6：M 小学校）

● p4c が好きです。p4c のよさは，いろんな人からいろんな考えを聞けること。みんなの考えを聞いて驚くこともあります。一番のポイントは，結論を出すのではなく，あくまでも考えを深めるということが目的であるという点です。他の考えを否定するのではなく，受け入れることで新たな疑問が生まれ，それを自分でまた考えるのも楽しいです。（小6：D 小学校）

● p4c を振り返ると学んだことがたくさんあります。まずは，深く考えた問いがたくさんありました。「友だちをかばうのは親切か」という問いで私は自分の中で答えが出ていました。でもみんなの意見を聞いて深く考えて答えをつかみました。そんなことが p4c のたびにあり，時には，p4c の時間が終わっても悩んでいることがありました。また，このクラスに関わる話合いもありました。「5年2組は今のままでいいのか」という問いがありました。この問いに自分の答えを出すのは大変でした。悪いところが一つもないとは言えません。私は，この日から大きな自分になろうと思いました。私は，もっとたくさんのことを p4c で学び，感じました。これからもいろんなことを学びたいです。（小5：H 小学校）

● 間違っていたらどうしようという不安を持たずに，手を挙げて発言できるのが好きです。（小6：D 小学校）

● 互いの考えを深めるだけでなく，他人の意見をいつも受け入れるということを身に付けることができ，さらに，普段の生活でも生かせるので一粒三度おいしい。win - win なシステムのすばらしい話し合いだと思います。（小6：D 小学校）

● p4c は，友だちと自分が素直に向き合うことができ，同時に，自分とも向き合える大切な時間。積極的に発言できない，男女で意見が分かれてしまうという問題を解消でき，クラス全体が明るく仲良くなるのは p4c の力です。思考力が身につくと普段の会話も楽しいものになります。p4c は「決めるもの」ではなく，「終わりがないもの」なので，p4c が終わっても自分でずっと考えることができます。生きている間，p4c を体験してみないのは損です。（小6：D 小学校）

● p4c は、ボールを持っている人だけしゃべれて、みんながおしゃべりをしないで意見を真剣に聞いてくれるところがいいところだと思います。（小6：M 小学校）

● p4c で楽しかったことは、友だちの意見を聞くことです。ぼくは、p4c をいっぱいやりたい。（小6：M 小学校）

● p4c を通して自分では思いもつかなかったことが分かったり，気づいたりすることができてとても深く考えることができました。（小5：H 小学校）

● 私は p4c が楽しいです。なぜなら，みんなと深く知り合えるからです。私が発表したとき，みんなに質問されて、こん

なに私のことが分かって質問しているだと思って，ほっとしてうれしくなりました。これからも何回もやりたいです。p4c は，友だちのことが分かって楽しくなります。(小4：B小学校)

● p4c が大好きで，毎回やった甲斐があったと感じていました。仲間と意見を交流し合う大切な時間だし，宝ものです。(小6：D小学校)

● p4c は行っていくたびに，人が成長し思考力が高まっていくものだと思います。p4c を行うことで，作文を書くことが好きになり，自分の意見も言えるようになりました。p4c を世界中の人々に知ってもらい，いつか p4c が科目になればいいです。(小6：D小学校)

●丸くなって意見を出し合うことで，普段はあまり意見を言わない人の考えも聞くことができて，いろんな人の意見が聞けます。互いの意見を聞くことで，自分の考えが変わり，自分の考えが広がります。そして，自分の言いたいことがはっきり言えるようになります。(小6：D小学校)

● p4c をして，話すことが苦手でなくなり，思考力を高めることができました。また，いろいろな知識が増え，自分の考えと他の人の考えの違いを知り，それらをまとめることで深め合うことができ成長できました。p4c は考えを深め合うものだと思います。(小6：D小学校)

## ＜中・高校生の声＞

●僕が思う p4c の良い所は，1つ目は皆とコミュニケーションが取れるところです。p4c を通して仲良くなった友だちもたくさんいます。今までそんなに知らなかった友だちが自分と同じような考えを持っていると親近感を持ちます。だから，別の場面でその友だちに近寄れ，仲良くなれると思います。2つ目は自分が考えもしないような友だちの意見を聞いてハッとすることが多々あります。そして新しい考えを友だちと共有できます。自分の考えが広がったような気がして，嬉しくなります。(中1・D中学校)

●人と自分の考えを交換し合うことで，人とのコミュニケーションをとれるところが p4c の楽しいところです。p4c では，この人の考えがいいなあとか，こんな意見もあるんだなあとか，思うことがあります。p4c を行うたびに，毎回クラスメイトの人たちの新たな一面を知ることができます。これからも p4c を続けていきたいです。(中1・D中学校)

●私は中学校生活を通して p4c の楽しさ，面白さに気付くことができました。話し合いでも授業中でも周りの目を気にして黙っていては，自分らしさを分かってもらえません。そんな思いで p4c では自分の考えを積極的に話しました。それによって自分が考えていることを言うことの大切さを学びました。また，自分の考えを発表することと同じくらい大切であるのは，人の話を聞くということです。考えは人それぞれ違って当たり前なので，自分が理解できない考えに出会うこともあります。でもそれを無理に理解する必要はなく，しっかりと人の考えを聞くことで，自分の考えにとらわれずに，広い視野で物事をとらえられるようになりました。

　私は中学校時代，普段何も意識せずに p4c を行っていましたが，実際今になって考えてみると，p4c はすばらしいと思います。色々なことにアンテナを張って，興味を持ち，疑問を見つけ，考えを深めていくという過程は，たくさんの力になります。p4c は，まさにこれからの社会で求められる積極性を身に付けられる授業でした。(高1・M高校)

● p4c では，年代・性別の壁を取り払って言葉を選び，理解し伝えることができたのが，とても楽しかったです。特に大人の方々の柔軟な発想には驚きました。今まで，大人になるにつれて想像力がなくなってしまうのではないかと恐れていました。私ももっと知識を増やして，このような話ができる大人になりたいと思いました。今回の活動を通して，私

は想像すること，考えること，理解すること，自分の意思を明確に持ち，それを人に伝えるということが，いかに大切で，人の可能性を引き出すものなのかが，とてもよく分かりました。

このような深い話合いの活動の機会をもっと多く設けられるようになれば，社会がより活性化していくと思います。もっとたくさんの方々に，このp4cを知ってもらいたいです。私自身も，このp4cをいろいろな方としてみたいです。(中2・N中学校)

### <保護者の声>

●初めてp4cという授業を見ました。子どもからはp4cという授業をやっていることは聞いていたので，いったいどんな授業だろうと興味がありました。先日のp4cでは，「夢」についての対話であり，一人一人の子どもたちの夢について私自身もとても興味深く，また，子どもたち一人一人の聞く姿に感心しました。なかなか友だちの夢をしっかり聞く機会は少ないと思うので，「そんな夢をもっているのだ」「すごくすてきな夢だ」と聞く方もいろいろな思いで聞いていたと思います。また，自分の夢をみんなの前で話すこともなかなかないと思うので，すごく良い授業だと思います。「自分の気持ち，思い，考えを伝える」，「人の話を真剣に聞く，聞くことの大切さを知る」とても大事なことを教わるすてきな授業ですね。(小5保護者：S小学校)

●子どもたちが授業で環境問題を学び，自分たちで考えた結果，「夢」というテーマで問いを立て，しっかり意見を述べていたことがすばらしかったです。人の意見を聞くことで，学ぶこともたくさんあると思います。子どもたちが成長していることを感じます。(小5保護者：S小学校)

●「なぜ，自分を好きになれないか？」「自分を好きになるためにはどうしたらよいか？」という大人でも普段考えもしない問いで，非常に難しいと思いましたが，子どもたちは積極的に意見や考えを発表し，すばらしいと思いました。このような取組が子どもたちの心の成長に深く関わっていくと思いますので，今後も続けてください。(小2保護者：N小学校)

●円座になり，毛糸のボールを使っての対話のおかげか，子どもたちの友だちの意見を聞く姿勢がしっかりできていて感心しました。友だちへの問い返しなどを通して，相互理解を深め，今まで分からなかった友だちの一面を感じてより良い関係を築けるのではないでしょうか。とても良い授業でした。また回数を重ねたp4cを是非見たいと思います。(小4保護者：N小学校)

●話合いというと，強い意見が通り弱い子は発言できないというイメージがありますが，p4cは，強い人だけに光が当たるのではなく，弱い気持ちの子や普段は発言できないような子も発言する機会が与えられていいですね。また，自分の考えが明確でなくても，友だちの考えを聞くことで，自然に自分の考えを構築していくことができるという良さがあると思います。何も考えていない子は，ボールが回ってきたときに困るかもしれないけれど，考えるチャンスになると思います。考えがなくても考え始めるようになりますね。わが子を見ていて，ほかの人の考えを尊重できるようになったと思いますし，自分と違っても受け入れられるようになったと感じています。(小6保護者：H小学校)

子どもたちの話に聞き入る保護者たち

# おわりに

「p4c は，手法でも，手段でもない。学ぶ人たち自身の力を引き出すような環境をつくるために必要な理念と工夫がつまったものだ。」これは，ハワイで取り組まれていた p4c を，私たちに最初に伝えてくださった豊田光世先生のことばです。そして，「教師自身が，『自分はどんな教育をしていきたいのか，教員としてどこに向かっているのか』を，常に自分に問い続けていくことが大事だ。」と語ってくれました。

4 年前，仙台市で p4c に取り組み始めた時から一緒に活動してきた一人の教師が，「これまで自分が取り組んできたことを根底から覆される思いがした。もっと早く出会いたかったという気持ちもあるが，今は現職にある間に出会えたことが幸せだと感じている。」と話していました。それは，西野先生の仰る「子どもたちは対話を楽しみながら『共に考える』という体験を通して，相互理解や相互信頼を獲得し，『見方・考え方』を変える深い学びへ到達する」という事実に気づいたからだと思います。これまでの教師主導中心の授業では，あまり見られなかった学びの姿です。

私たちが大きな手ごたえを感じている「探究の対話（p4c）」。その出会いが，東日本大震災からの復興を目指していたときだったことに，運命的なものを感じます。今思えば，かつて経験したことのない厳しい状況の中で，傷ついた子どもたちの心を何とか支えたいと願っていた私たち教師に，天が与えてくれた救いの手だったような気がしています。

終章で紹介したように，学びの場で，子どもたちがこれほど「楽しい！」「もっとやりたい！」と言ったことがあったでしょうか。普段なかなか話さない子どもが話し出すことがあったでしょうか。安心して話ができるという声が聞かれたでしょうか。教育の復興を目指してきた私たちに勇気を与えてくれ，この取組が間違いなく次代の教育を支えるものになるという確信をもたせてくれたのは，こうした子どもたちの姿でした。

私たちが，自分たちの実践を，あえて哲学教育ではなく，哲学対話の要素（p4c）を生かす実践だと拘り続ける理由はここにあります。セーフティを確立することで，子どもたちが安心して学び，過ごせる場を実現し，学級や授業をより良くするための教師と子どもたちによる協働の営みだと捉えています。その結果，子どもたちが，主体的な姿勢で学ぶことができるようになり，よく話を聞き深く考え，自分の考えを話せるようになります。そして，教師自身もこれまでの殻を破り，さらに成長することができるのです。

「探究の対話（p4c）」は，一見だれでもできる取組に見えます。コミュニティボールをつくり，約束を共有させれば，簡単にできると思われるかもしれません。しかし，実際に始めてみると思うようにいかなかったり，実践を重ねれば重ねるほど奥の深さを感じたり，必ず行き詰まることがあります。私たちは皆，その経験を乗り越えてきているから分かるのです。だからこそ，仲間と共に歩む大切さを強く感じているのです。読者の方で実際に「探究の対話（p4c）」を始めてみたいと思われた方は，宮城で一緒に学びませんか。私たちと一緒に進んでいきませんか。

私たちの取組は緒に就いたばかりですが，被災地宮城の地から全国へ「探究の対話（p4c）」の魅力を伝えるために，粘り強く，着実に歩み続ける覚悟です。

未来を生きるかけがえのない子どもたちの幸せのために。

平成 29 年 9 月 11 日　野澤 令照

## 1．引用文献等

<p. 126-129 （川﨑 惣一教授） >
○マシュー・リップマン，マーガレット・シャープ，フレデリック・オスカニアン著『子どものための哲学授業』河野哲也，清水将吾訳（河出書房新社）
○マシュー・リップマン著『探求の共同体』河野哲也，土屋陽介，村瀬智之監訳（玉川大学出版部）

<p.124-125，p.130-133 （豊田 光世准教授，田端 健人教授） >
○O・F・ボルノウ『教育を支えるもの』森昭・岡田渥美訳（黎明書房）
○Thomas. E. Jackson, "A Guide for Teachers", p.5. p4c ハワイ ウェブサイト
○Thomas. E. Jackson, "Philosophy for Children Hawaiian Style: 'On Not Being in a Rush…'", Thinking: The Journal of Philosophy for Children, Volume 17, Issue 1/2, 2004.
○ハンナ・アーレント『活動的生』森 一郎訳（みすず書房）
○DeSeCo, "Definition and Selection of Key Competencies – Executive Summary". OECD ウェブサイト

## 2．特別寄稿者

西野 真由美（国立教育政策研究所 総括研究官）

## 3．p4cみやぎ・出版企画委員会委員（執筆者）

豊田 光世（新潟大学 准教授）／田端 健人（宮城教育大学 教授）／川﨑 惣一（宮城教育大学 教授）／横田 悦子（オレンジフィールドテニススクール 代表）／佐々木 成行（仙台市立第一中学校 校長）／髙橋 隆子（仙台市立桂小学校 校長）／八巻 淳（栗原市立一迫小学校 教頭）／砂金みどり（仙台市立八本松小学校 教諭）／髙橋 佳子（仙台市立八本松小学校 教諭）／間山 由佳（仙台市立第一中学校 教諭）／前田 秀勝（仙台市立桂小学校 教諭）／熊本 菜摘（仙台市立桂小学校 教諭）／野澤 令照（宮城教育大学上廣倫理教育アカデミー 所長）／庄子 修（宮城教育大学上廣倫理教育アカデミー 特任教授）／堀越 清治（宮城教育大学上廣倫理教育アカデミー 特任教授）／福島 邦幸（宮城教育大学上廣倫理教育アカデミー 教育支援コーディネーター）／半沢 芳典（宮城教育大学上廣倫理教育アカデミー 教育支援コーディネーター）／伊藤 桂子（宮城教育大学上廣倫理教育アカデミー 探究の対話マスター）

## 4．終章寄稿者

見上 一幸（宮城教育大学 学長）／武田 政春（白石市教育委員会 教育長）／渡部 秀則（日本教育新聞社 記者）／横田 悦子（上掲）／堤 祐子（仙台市立古町小学校 校長）／佐々木 成行（上掲）／三井 裕（仙台市立茂庭台小学校 校長）／小関 俊昭（白石市立白石第一小学校 校長）／砂金みどり（上掲）／磯畑 さおり（仙台市立芦口小学校 教諭）／間山 由佳（上掲）／櫻井 浩志（仙台市立西中田小学校 教諭）／髙橋 佳子（上掲）／小澤 裕（白石市立白石第二小学校 教諭）／黒須 あゆみ（仙台市立茂庭台小学校 教諭）／八巻 淳（上掲）／渋谷 建輝（仙台市立南小泉小学校 教諭）

## 5．p4cみやぎの連絡先

〒980-0845 宮城県仙台市青葉区荒巻字青葉149 国立大学法人宮城教育大学 上廣倫理教育アカデミー
URL: http://p4c.miyakyo-u.ac.jp/ Mail: p4c@adm.miyakyo-u.ac.jp

# 子どもたちの未来を拓く探究の対話「p4c」

---

2017年12月1日 第1刷発行

著者　p4cみやぎ・出版企画委員会
編者　野澤令照（宮城教育大学上廣倫理教育アカデミー・所長）
発行者　千石雅仁
発行所　東京書籍株式会社
　　　　〒114-8524 東京都北区堀船2-17-1
　　　　電話　営業　03-5390-7445
　　　　　　　編集　03-5390-7504

印刷・製本　株式会社リーブルテック

---

Copyright©2017 by p4c Miyagi Publication Planning Committee
All rights reserved. Printed in Japan
ISBN 978-4-487-81071-0 C0037

---

乱丁・落丁の場合はお取り換えいたします。
定価はカバーに表示してあります。
本書の無断使用はかたくお断りいたします。